Brigitte Hieronimus

Romeo und Julia in der Midlife-Crisis

Liebe, Lust und Leidenschaft in turbulenten Zeiten

Brigitte Hieronimus

Romeo und Julia in der Midlife-Crisis

Liebe, Lust und Leidenschaft in turbulenten Zeiten

Kreuz

Inhalt

Romeo und Julia haben Wechseljahre

Wechseljahre sind keine Krankheit, wie Pharmakonzerne es uns weismachen wollen. Sie sind auch kein Urteil über vorzeitiges Altern, sondern als seelische Neugeburt anzusehen. Eine ausgediente Lebensphase geht zu Ende. Eine neue bricht an. Die Zeit dazwischen bedeutet Umbruch und Aufbruch. Dem Leben ab jetzt seinen eigenen Stempel aufzudrücken, ist eine der zukünftigen Aufgaben.

Während der zweiten Lebenshälfte rückt die eigene Sterblichkeit näher und es ist wieder, wie bei Romeo und Julia, die Nachtigall, die singt. Die Lerche symbolisiert für mich den jugendlichen Beginn einer Liebe. Die Nachtigall stellt die reifere Liebe dar. Sie singt in der Nacht – der zweiten Lebenshälfte –, damit wir uns Zeit füreinander nehmen können. Es macht Sinn, wenn Frau und Mann ihre wechseljährige Zeit miteinander und nicht gegeneinander ausleben.

In diesem Buch geht es um Liebe und Verrat, um Freundschaft und Feindschaft, um Ringen und Streben, um Festhalten und Loslassen und um die ewige Sinnfrage nach dem Woher und Wohin des Lebensflusses.

Wir können Wechseljahre zum Anlass nehmen, uns von

innen heraus zu erneuern. Vielleicht fragen Sie sich gerade: »Was haben durchschnittliche Paare mit Romeo und Julia gemeinsam? Was haben Wechseljahre damit zu tun? Und was soll mir das vorliegende Buch überhaupt bringen?« Vor allem mehr Klarheit in einem immer noch tabuisierten Bereich. Partnerschaften verändern sich stark in der Lebensmitte. Ich möchte deshalb aus meinem Blickwinkel heraus das Beziehungsdunkel ausleuchten und erzähle damit auch etwas aus meiner eigenen Geschichte.

Mein Mann und ich begannen wie Romeo und Julia. Was waren wir für ein unsterblich ineinander verliebtes Paar! Blutjung und mit Eltern gesegnet, die sich gegenseitig nicht sonderlich mochten. Lange galten wir für Gleichaltrige als Vorzeigepaar. Unsere Verliebtheit schien kein Ende zu nehmen. Wir endeten allerdings nicht im Freitod, wie Shakespeare es für sein Traumpaar vorsah, sondern vorerst in den Wechseljahren. Was nur eine andere Form von Sterben ist! Vorher bekamen wir Kinder, machten Karriere und hatten alle paar Jahre eine überschaubare hausgemachte Krise. Wir meisterten das meiste meisterhaft, umschifften die eine oder andere gefährliche Klippe, glaubten felsenfest, alles im Griff zu haben. Ich war auf einer Ebene angekommen, auf der ich ewig hätte weitermachen wollen. An ein sich anbahnendes »Klimakterium« verschwendete ich nicht den geringsten Gedanken. Das einzig sichtbare Zeichen – die Menopause – schlug dann wie ein Paukenschlag in mein Leben ein, und natürlich verstand kein Mensch um mich herum meine Befindlichkeit. Auch mein »Romeo« nicht. Unsere Ehe war bis dahin nur so dahingeflogen. Plötzlich war ich vierzig. Noch plötzlicher Mitte vierzig und niemand hatte mich darauf vorbereitet.

Wie Shakespeares kleine süße Julia wollte auch ich die Zeit

immerzu anhalten, die beseelte Liebesnacht verewigen. Ich klammerte mich an erlernte Verhaltensmuster, mein Mann sich an überholte Rollen. Das Leben plante aber etwas völlig anderes. Wir sollten nämlich miteinander reifen, damit aus dem jugendlichen Liebespaar ein erwachsenes und gleichwertiges Paar mit einem ausgewogenen Machtverhältnis und einem ebensolchen Wechselspiel zwischen Geben und Nehmen entstehen konnte. Wir wollten doch immer zusammen alt werden. Nun war die Zeit da.

Die Idee, ein Buch über uns als »wechseljähriges« Liebespaar zu schreiben, kam mir in einer schlaflosen Dezembernacht. Um mich herum verfielen einige alte Ehegemäuer. Jede und jeder tünchte und renovierte wie wild darin herum. Man bat mich immer öfter um Rat, den ich nicht so einfach verteilen konnte wie rote Äpfel aus einem Korb. Wie sollen wechseljährige Prozesse veranschaulicht werden, ohne nicht auch die facettenreichen Hintergründe einer langjährigen Beziehung auszuleuchten?

Ich suchte also nach der Kiste, in denen meine Tagebücher schlummerten, und tauchte in eine zurückliegende Zeit ein. Nach durchlesenen Nächten fragte ich mich: Warum nicht über diese Wachstumschancen schreiben? Mein durch die »Midlife-Crisis« geschüttelter Romeo fühlte sich nach über zwanzig Jahren Ehe, durch meine Stimmungskanonade ziemlich gebeutelt und arg strapaziert. Vor allem, weil ich ihm so gar nicht mehr verlässlich liebesfähig erschien, was ihn wiederum veranlasste, zu fremden fraulichen Ufern zu fliehen. Mich erschütterte dieser Ausflug zunächst recht wenig. So schien es jedenfalls, denn ich kümmerte mich zur Abwechslung um mich selbst, analysierte mein Kindheitsmuster, erkannte die Fallstricke unserer Ehe und wollte wie Phönix aus der Asche dem alten untauglichen Muster entschweben, um mich wieder mehr meinem Romeo zuzuwenden. Allein, der war nur noch mäßig dazu bereit.

Die Zeit der wirklichen Auseinandersetzung war dann auch die härteste in unserem bisherigen Eheleben. Aber der Wendepunkt rückte damit immer näher. Der Boden für Aussöhnung war vorbereitet.

Romeo tauchte unerschrocken in ein noch unbekanntes Terrain ein: die männlichen Wechseljahre, das »Klimakterium virile«. Er sehnte sich nach mehr Wärme und Zuwendung zu einer Zeit, als ich das nicht so dringend brauchte. Ich wollte meinen Radius ausdehnen, an einer eigenen Karriere basteln und war auf der Suche nach dem wahren Sinn des Lebens. Für seine Bedürfnisse war ich taub und blind und blieb es auch für lange Zeit.

Das waren Chancen, die es in sich hatten!

Und wir lernten: Nicht alle alten Ehen müssen in die Binsen gehen oder im trüben Morast des Nebeneinander versickern, und nicht alle Paare müssen am Modell Ehe kranken oder sich sinnlos daran betäuben. Wer miteinander in die besten Jahre segeln will, dem kann dieses Buch zur Orientierungshilfe, zum Wegweiser und nicht zuletzt zu einem verständnisvollen Begleiter in einer – zugegeben manchmal sehr Schwindel erregenden – Umbruchszeit werden.

Gedankenreise um Mitternacht

Trübe schimmert der Mond durch meine Fensterscheiben. Regentropfen hinterlassen graue Tränenschleier. Wolkenfetzen reißen hin und wieder den Himmel auf. Es ist Dezember. Das Jahr neigt sich, wie ich, der ersehnten Ruhe entgegen. Mitternacht ist längst vorüber. Ich liege mit offenen Augen im Bett, wälze mich hin und her. Gesichter tauchen vor meinem geistigen Auge auf. Frauen und Männer, die sich Rat von mir erhoffen, die sich mir anvertrauen und nach Lösungen suchen. Geschichten von Menschen, die sich, genau wie mein Mann und ich, schon jenseits der Mitte ihres Lebens befinden, geistern mir durch den Kopf. Wie bekannt mir vieles vorkommt! Nur wenig ist mir fremd. Eheliche Gemäuer bröckeln bedenklich vor sich hin. Auch das kenne ich.

Ich wende mich meinem tief schlafenden Mann zu, höre den vertrauten Atem dicht neben mir und rücke näher an den geliebten Körper heran, der, so wie meiner, älter geworden ist. Es tut gut, nicht den Bauch einziehen zu müssen. Entspannt liege ich neben dem Mann, der mich schon über dreißig Jahre kennt und mit dem ich fast alles geteilt habe, was langjährig zusammenlebende Paare eben so miteinander teilen. Wenn ich aus dem Schlaf erwache, hilft mir unsere körperliche Nähe oft wieder in den Schlaf zurück. Heute nicht. Ich werde unruhig weil mein Geist inzwischen hellwach ist. Und das mitten in der Nacht. Ich denke jetzt an meine Freundin Hanna, die sieben Jahre jünger ist als ich, und die mir seit ein paar Wochen von ihren permanenten Schlafstörungen und Wachphasen auf dem morgendlichen Kopfkissen berichtet. »Sind das etwa schon Vorboten der Wechseljahre?«, fragte sie bei mir nach, wohl wissend, dass ich diese Zeit gerade sehr intensiv durchlebte. Nicht nur Hanna, auch andere Frauen beschäftigt dieses Thema immer mehr und sie alle wollen dem vermeintlichen Schreckgespenst des Klimakteriums angstfrei und ohne Vorurteile begegnen. »Wie war das denn bei dir«, wollen sie immer wieder wissen.

Ja, wie war das eigentlich bei mir? Es fing ziemlich harmlos an. Ich lag mit Ende dreißig schon häufig mitten in der Nacht wach. Mal mit, mal ohne meinem Mann. Mal brauchte ich seine Nähe, mal brauchte ich sie nicht. Gründe konnte ich nie genau benennen. Es gab Nächte mit angstvollem oder freudigem Herzklopfen, und es gab Nächte, in denen ich glasklar Entscheidungen traf, die ich bei Tage niemals getroffen hätte. Diffuse Gefühle befanden sich sowieso auf einer Achterbahnfahrt. Ja, es war eine höchst aufregende, schlaflose Zeit, die mich mächtig durcheinander brachte. Ich hatte für bestimmte Lebensthemen wacher zu werden. Welche das waren, erfuhr ich schon bald.

Als ich mich mit Mitte vierzig mitten im Tanz der Hormone befand, gesellte sich mein Mann dazu. Hätten wir unsere Melodie für einen gemeinsamen Auftakt schneller gefunden, wäre uns wohl einiges erspart geblieben, anderes würde uns allerdings dann sicher fehlen. Nämlich die Erkenntnis, die Reife, die Reflexion und die Gelassenheit, das Leben ab jetzt anders und wieder neu gestalten zu können. Welch eine reiche Ernte nach den Stürmen unserer wechseljährigen Paarzeit! Und dennoch – wie gut, diese Turbulenzen nun hinter mir zu haben. So kann ich in aller Ruhe und Ausführlichkeit zu den wesentlichen Dingen des Lebens vordringen, wozu ich vorher in all dem Trubel wenig Zeit fand und wohl auch nicht die nötige Reife besaß. Inzwischen befreit von allen überflüssigen Sorgen und irrealen Nöten atme ich frische, unverbrauchte Luft. Darüber bin ich älter geworden und das fühlt sich immer noch gut an. Für mich ist die Zeit reif, Hanna von meiner damaligen Umbruchs -und Aufbruchszeit genauer zu erzählen. Vielleicht sollte ich ihr auch erzählen, wie die alltäglichen Prozesse in dieser Zeit aussehen, überlege ich weiter. Schließlich hat sich auch meine Partnerschaft dadurch sehr verändert. Hanna soll gar nicht erst in einen fatalen Strudel der vermeintlichen Hysterie oder Depression geraten, die den wechseljährigen Frauen vorschnell angedichtet wird, wenn sie auch nur wagen, ihre Stimme lauter zu erheben und deshalb als »aufmüpfig« bezeichnet werden. Und sie soll wissen, dass es Möglichkeiten in dieser Phase gibt, die zu neuem inneren Wachstum anregen, und Krisen bestens dazu geeignet sind, um an die inneren, bis dahin ungenutzten Potentiale zu gelangen. Im eigentlichen Sinne sind Wechseljahre immer auch Wandlungsjahre, denke ich mir erneut. Ich wechsle den Kurs eines zu straff gespannten Lebensplans. Ich ändere das Schnittmuster eines zu eng gefassten Lebenskorsetts. Aber nur, wenn es kneift und zwickt.

Mich selbst hat es ordentlich, überall, an allen Ecken und Enden gekniffen. Bis Mitte vierzig war ich wie fremdgesteuert, merkte davon aber nichts, dachte immer, das Ruder meines Lebensschiffes selber in den Händen zu halten. Ich funktionierte wie auf Knopfdruck und ratterte wie eine gut geölte Maschine einwandfrei für andere dahin. Bis die Menopause mir zu Hilfe kam und mir eine Auszeit bescherte. Eine Auszeit, um zu mir selbst zurückzufinden, denn ich war mir und meinem inneren Wesen irgendwie schon seit längerem abhanden gekommen.

Ich erinnere mich an all meine Tagebucheintragungen und Notizen, die ich in dieser Phase meines Lebens schrieb. Wäre interessant, wieder darin zu lesen, denke ich und wickele mich ganz vorsichtig aus der Umarmung meines schlafenden Mannes. Sehr leise schlüpfe ich aus dem Bett und husche über die knarrenden Dielen in den Flur. Im alten Vertiko suche ich nach der blauen Kiste, in denen meine Tagebücher schlummern. Ich freue mich plötzlich wie ein Kind, darin zu lesen. Sie werden mich daran erinnern, wie es mir in dieser turbulenten Zeit an Leib und Seele erging. In der Küche gieße ich mir ein Glas Wein ein und setze mich an den Platz, an dem ich so oft saß und schrieb. Das Mondlicht schimmerte über die Dachterrasse und ich knipse das kleine Licht über meinem Küchenschreibtisch an. Eingewickelt in eine weiche Wolldecke, kuschele ich mich in den Korbsessel, und lege die Tagebücher vor mich hin. Gleich unter dem Deckblatt des ersten Buches, finde ich noch einen kleinen Brief. Er ist an meinen Mann gerichtet. Ich muss lächeln, als ich überlege, wie oft ich hier wohl nachts schon saß. Es scheint mir ein liebgewonnenes Ritual gewesen zu sein, ohne dass ich es gemerkt hatte.

Geliebter Ehemann, wie in alten Zeiten mache ich die Nacht zum Tage, um dir zu schreiben. Als ich dich kennen lernte, war das so, und jetzt nach vielen Ehejahren ist es wieder so. Es wechselt ziemlich viel in unserer wechseljährigen Zeit, findest du nicht? Deshalb heißen sie wohl auch so. Weißt du, was mich schlaflos macht? Ich denke so oft an den Beginn unserer Liebe. Eine Liebe, die so leidenschaftlich wie bei

Romeo und Julia begann und die sich so stark verändert hat. Ich hätte so gerne die Zeichen der Zeit besser zu deuten gewusst, so gerne dem Lauf der Dinge eine andere Wendung gegeben. Eine Wendung, die mit weniger Schmerzen einher gegangen wäre. Erst wenn wir etwas verlieren, erkennen wir den wahren Wert der Dinge, nicht wahr?

Ich sehe dich und mich zusammen in unserer seelischen Not nicht ausreichend miteinander in den Austausch getreten zu sein. Und sogar jetzt, in Zeiten des neu eroberten Glücks, holen mich in deinen Armen immer wieder diese alten Gedanken ein. Gibt es Nachwehen der Wechseljahre? Oder habe ich jetzt erst die nötige Kraft, genauer hinzugucken, um zu Ende reflektieren zu können? Mir hilft es wohl nicht, ausschließlich den Intellekt einzusetzen Ich bewege mich deshalb einmal außerhalb der Analyse. Für die Seele gelten andere Gesetze. Ich werde wieder Tagebuch schreiben und dich wissen lassen, was ich über mich herausgefunden habe. Bis dahin lass uns das Verbindende weiter stärken. Mit dir ist nämlich vieles schöner. Ich liebe dich sehr ….

Ich falte seltsam berührt das Briefchen zusammen und weiß nun genau, was ich meine Freundin wissen lassen will. Die Gefahr des Abdriftens in fremde Gewässer ist um einiges größer, wenn man sich in wechseljährigen Schwierigkeiten befindet. Schreiben hat mir übrigens am besten dabei geholfen, mich aus dem manchmal schier unübersichtlichen Chaos und der über mich hereinstürzenden Gefühle zu befreien. Wie ein Maulwurf schaufelte ich mich per Stift aus dem Loch heraus und sah zwischendrin immer wieder Licht am Ende dieses schier endlosen Tunnels. Schreiben bedeutet, sich selber zuzuhören. Es ist für mich ein geeignetes Hilfsmittel, um mich aus sämtlichen Krisen herauszuarbeiten. Ich legte damals eine

Art inneres Reisetagebuch an, in dem ich bestimmte Stationen meines Lebensabschnitts aufschrieb, um sie später besser reflektieren zu können. Das gelang mir naturgemäß besser, wenn die Situation erst einmal vorüber war. Hanna wird diese Form des Bewältigens bestimmt auch gut gefallen. Ich weiß, wie gerne sie schreibt.

Wie war das also mit meiner Liebe in der Zeit der Wechseljahre? Mein Mann und ich, wir waren Seelenfreunde, bevor wir zu Liebenden wurden. Damals, als wir uns so jugendlich frisch und unverbraucht im schneereichen Winter kennen lernten und drei Jahre später, im glühenden Sommer, ein Paar wurden. Und fünfundzwanzig Jahre später – nicht mehr ganz so frisch – im schimmernden Herbst an einem See unsere zerbrochene Liebe zu erneuern versuchten. Viel war passiert in den Jahren dazwischen. Doch egal, was es war, wir bewältigten die größeren und die kleineren Krisen unseres Lebens immer gemeinsam. Wir hatten uns, wir liebten uns, das sollte reichen.

In der Mitte des Lebens kreiste ich allerdings immer öfter um mich als um Mann und Kinder. Unser Leben war bis dahin nur so dahingeeilt. Insgeheim stellten sich für mich aber immer häufiger Fragen wie: »War das alles? Soll das alles gewesen sein? Habe ich so gelebt, dass ich nach den mir gegebenen Möglichkeiten wirklich schon alles ausgeschöpft habe?« Mich überfiel immer öfter eine innere Unruhe und Gereiztheit, die ich niemandem so recht erklären konnte. Eigentlich ging es mir doch gut. Und eigentlich hatte ich doch alles, was ich wollte. Aber war es wirklich so? Das Wort »Eigentlich« hätte mich stutzig machen müssen. Meinem Mann und mir saß ein kleiner, hämisch grinsender Dämon im Nacken, der uns permanent soufflierte, wir hätten etwas Wichtiges verpasst im Leben. Was das denn sein sollte, verschwieg er, denn wenn er uns etwas Falsches offerierte, wollte er natürlich keine Prügel dafür beziehen.

Meine Zeit des Nachholens war dann auch eine völlig andere als die meines Mannes. Es ging mir um Neufindung und Ausprobieren. In Beziehungen zu anderen Männern dachte ich nicht an Sex. Mir lag an Gesprächen, an Austausch und möglichem Einklang der Seelen. Immer schon. Damals, als ich siebzehn war, und später im reiferen Alter erst recht. Anders mein Mann. Der Midlife-Crisis-Geschüttelte hatte in seinen herrlichen Jahren nichts anderes zu tun, als sich schleunigst ein neues weibliches Wesen für die anstehende Trennung von mir zuzulegen, die ihn zu ungeahnten Höchstleistungen anspornte. Es war für mich zunächst sehr schwer, es als unabwendbare Tatsache hinzunehmen, dass auch er nicht anders reagierte als all die anderen *durchschnittlichen* Männer, die so wie er in einem beharrlich gleichbleibendem Tempo unaufhörlich am Fuße des Berges Eros herumkurvten und den fälligen Aufstieg zur nächsten Etappe einfach nicht schaffen. Jedenfalls nicht zu diesem Zeitpunkt. Am See, beim ersten Treffen nach der Zeit unserer kurzen Trennung, hat mir seine Aufrichtigkeit darüber sehr geholfen. Seine klaren Worte. Seine Schnörkellosigkeit. Sein Mut zur Wahrheit. Er hatte nichts zu verbergen und zu verstecken. Das hat mir damals dermaßen gut an ihm gefallen, dass ich mich – trotz des Schmerzes – wieder heftig in den Mann verliebte, der mir schon so vertraut geworden war wie ein altes Möbelstück. Das war ein erster Durchbruch für mich, denn ich begann, aus meiner Opferrolle herauszutreten und übernahm damit die Verantwortung für mein eigenes Handeln. Anders wäre es uns in dieser Krise nicht gelungen, wieder zusammenzufinden. Und ohne diese neue Haltung wäre es mir nicht möglich gewesen, meine Einstellung zu ihm und zu dem vermeintlichen Liebesverrat zu verändern. Mir wurde auch klar, das ich auch einen erheblichen Anteil daran hatte.

Heute geht es gar nicht mehr ohne diese Form von Aufrichtigkeit. Zu schnell erspüre ich, wo sich alte Gewohnheiten wieder einschleichen wollen. Ich bin in dieser Hinsicht nun ein sehr gebranntes Kind. Die Liebeswirrungen in den Wechseljahren waren eine große Herausforderung für uns beide. Wenn wir uns nicht gewandelt hätten, wären wir womöglich im Alter starr und unlebendig geworden. Ich habe festgestellt, dass, wenn ich mich nicht endgültig von Vergangenem verabschiede, ich die Lust am neuen Lebensabschnitt versäume. Es ging mir vor allem um den längst fälligen Abtransport von schon vorsortierten Altlasten. Ich wollte mich vom restlichen Lebensmüll trennen, damit ich die neue Phase des Älterwerdens unbeschwert und unbelastet angehen konnte.

Es war immer die Nachtigall, die in den Wechseljahren für uns sang. Wir hatten Zeit genug, sie zu hören. Als jeder von uns auf sich selbst zurückgeworfen wurde und sich mit seinem Grundbedürfnis nach Liebe und Wertschätzung auseinander setzen musste, erkannten wir beide, wie wertvoll der andere immer noch für jeden von uns war. Unsere Liebesnacht konnten wir nicht verewigen. Wohl aber das Wissen um eine solche. Das Trennende lernten wir nun zu integrieren. Das Verbindende bauten wir weiter aus. Der Nachtigall aber lassen wir weiterhin den nötigen Raum, damit sie ein neues, ein weiseres Liebeslied für uns anstimmen kann.

Nach all der Umbruch- und Aufbruchstimmung, dem Sich-Wiederfinden und dem In-der-inneren-Heimat-Ankommen, ließ ich wie selbstverständlich von alten und überholten Lebensmustern ab. Auch beruflich orientierte ich mich neu. Da ich schon immer gerne mit Menschen arbeitete, sie begleitete und seelisch unterstützte, war es mein Wunsch, mich weiter zu qualifizieren. Es dauerte nicht lange und ich ließ mich bei der Schweizer Psychologin Julia Onken, – Autorin des Bestseller-Buches »Feuerzeichenfrau« – zur Leiterin für Wechseljahr-Seminare ausbilden. Das war ein erheblicher und alles entscheidender Wendepunkt in meinem Leben.

Während meiner Arbeit tauchte ich immer tiefer in die Geschichten von Frauen ein, die meine Vorträge, Kurse und Seminare besuchten. Als ich nach einigen Jahren Biografie-Workshops zum Thema »Lebensmitte« anbot, blickte ich noch umfassender in weibliche Lebensmuster hinein und stellte immer wieder betroffen fest: Das Leben fast jeder Frau wird zunächst fremdbestimmt. Schon in frühester Kindheit lernen sie, sich zu ducken und anzupassen und ihre Wahrnehmungen zu verbergen. Folglich werden sie in der Pubertät mit hoher Wahrscheinlichkeit dem bekannten Muster folgen. Tun sie das nicht, sondern grenzen sich ab, kommt es meist zu Protesten und Einschränkungen seitens der Eltern, was wiederum eine langfristige Wirkung auf die Psyche des heranwachsenden Mädchens hat.

In der Ehe folgen dann viele Frauen auffallend oft der Leidensspur der Mutter. Auch im Berufsleben ergibt es sich häufig, dass nach häuslichen Vorbildern gelebt und gehandelt wird, bis die Lebensmitte mit ihrem Aufforderungscharakter an die Türen der Weiterentwicklung und Selbsterziehung klopft. Jetzt gilt es, eigenen Spuren zu folgen und ein individuelles Lebensmuster zu entwerfen, damit das Schöpferische, das in jedem Menschen angelegt ist, zum Ausdruck kommen kann. Auch bei mir war das so.

Wenn ich es recht bedenke, geben uns diese Jahre die notwendige Gelegenheit, mit uns und unserer überlieferten Geschichte der Herkunftsfamilie ins Reine zu kommen. Wir tragen immer auch die Röcke unserer Großmutter und unserer Mutter unter unserem eigenen. Beide Kleidungsstücke haben uns vielleicht für eine lange Zeit gewärmt oder waren uns in irgendeiner Weise nützlich. Die Wechseljahre fordern uns auf, beide Röcke abzulegen und in unser eigenes, neues Gewand zu schlüpfen. Es mag gut sein, dass es sich zunächst ein wenig unbequem anfühlt. Es muss sich unserer Lebensform erst anpassen. Es ist deshalb gut, sich ausreichend Zeit zu nehmen, das Schnittmuster genau zu studieren.

Ich würde es jeder Frau und jedem Mann wünschen, dass sie sich im Laufe ihres Lebens über die eigene Biografie hermachen können wie Kinder einst über den sonntäglichen Schokoladenpudding. Auch Hanna will ich dazu ermutigen. Mir ist es sehr gut bekommen, mich mit meinen alten familiären Mustern auseinander zu setzen. Meine Ehe hat auch dadurch erheblich an Stabilität gewonnen. Ich habe die Anleitung zum Überwinden unguter Situationen mittlerweile fest in mir verankert und gebe gerne weiter, was mir dabei geholfen hat.

Das Sinnieren über den Tagebüchern hat mich müde werden lassen. Morgen werde ich mich an die Aufzeichnungen für Hanna machen. Ich werde ihr Auszüge aus meinen Tagebüchern zum Lesen geben. Vielleicht hilft meine Sicht der Dinge ihr und ihrem Mann. Oder denjenigen, die so orientierungslos wie wir einst durch diese wichtigen Jahre schippern und dringend einen Lotsen brauchten, der sie wieder ins sichere Gewässer leitet. Wechseljahre bedeuten – neben einigen körperlichen Veränderungen – auch Abschied zu nehmen von überholten Werten und überzogenen Idealvorstellungen, die oft noch der Zeit der Pubertät entstammen. Erst wenn das geschafft ist, kann die neue Zeit in sich freudig begrüßt werden. Und wer möchte das nicht? Den Prozess des Älterwerdens können wir sowieso nicht aufhalten. Aber wir brauchen dabei nicht stehen zu bleiben. Wir können uns von innen heraus erneuern. Immer wieder. Jeden Tag neu.

Tanz der Hormone

Liebe Hanna,
in der letzten Nacht ist mir die Idee gekommen, dir den »Tanz der Hormone« vorzustellen. Und bevor ich dir meine eigenen Tanzschritte vorführe, will ich dich zunächst in das Thema einstimmen.

Seit Jahren verfolge ich mit großem Interesse die Berichte der Wissenschaftler und Evolutionspsychologen, die dem Alter heftig auf der Spur sind. Eines Tages pinselte sich mir während des Studierens eine Karikatur vor Augen: Da steht ein Mann mit hängenden Schultern und brummigem Gesicht, die Hände tief in den Hosentaschen vergraben und grummelt: »Verdammt, ich will jetzt auch meine Wechseljahre haben!«, und schaut auf seine Frau, die mit wehenden Haaren und freudig erhobenen Armen eine Tür aufstößt und lachend nach draußen eilt. Ich verstand es so: Wenn die Evolution es so schön eingerichtet hat, dass wir Frauen über die Wechseljahre hinauskommen, könnte es dann nicht so sein, wie das Bild es zeigt? Eine neue Tür öffnet sich!

Die ältere Frau aus der Vorzeit wurde mit Sicherheit gebraucht, um zusätzliche Nahrung heranzuschaffen und um die Nachkommen vor Gefahren zu schützen. Die Lebenschancen konnten sich dadurch erheblich verbessern. Die

Gene dieser Großmütter wurden weitervererbt bis zur übernächsten Generation. Durch die Entwicklung der Menopause entfiel dann allmählich das Sterberisiko bei den Geburten. So wurden Frauen im Laufe von kommenden Generationen immer älter. Von dieser Langlebigkeit profitieren heute die weiblichen und natürlich die männlichen Nachkommen. Die Schöpfungsintelligenz hatte vielleicht folgende »Idee«. Sie schenkte auch dem Mann ein Klimakterium (virile). Das sollte ihm Gelegenheit geben, sich nicht nur ausschließlich um sein Sexualleben zu kümmern, sondern vermehrt um seine seelische Weiterentwicklung. Die zuvor einseitig eingesetzte Energie könnte damit aus den unteren Regionen umgeleitet werden zum Zentrum seines Wesens. Man(n) würde sehen, was er daraus machte. Seine Wechseljahre würden sich ähnlich anfühlen wie die der Frau. Der einzige Unterschied würde darin bestehen, dass er bis ins hohe Alter zeugungsfähig bleiben dürfte. (Obwohl Änderungen diesbezüglich schon vorgesehen sind!)

Die Frau hingegen kann ihre freigesetzte Energie, die bis dahin überwiegend der »Brutpflege und Aufzucht« galt, umwandeln. Damit die Zukunft weiblicher wird! Sie könnte sich geistig noch kreativer und schöpferischer ausbreiten oder sich lauter und vernehmlicher ins Weltgeschehen einmischen.

Mir erschien es sehr einleuchtend, dass sich die Natur etwas dabei gedacht haben muss, uns Frauen die Menopause zu schenken, Hanna. Das Phänomen Klimakterium ist und bleibt wohl eines der vielen Rätsel der Menschheitsgeschichte.

Irgendwann legt sich also das hormonelle Brausen im männlichen Hirn. Das Denken kreist nicht mehr – neben dem Beruf – ausschließlich um Sex. Männliche Blicke wenden sich auch anderem zu, als langbeinigen und bauchnabelfrei gekleideten Girls. Obwohl – ich gebe es zu – bei manchen ändert sich nichts. Das weibliche Hormonorchester beginnt in der Mitte des Lebens um eine Oktave tiefer zu spielen. Der männliche Testosteronspiegel sinkt allmählich, während er sich bei uns Frauen deutlicher bemerkbar macht. Das männliche Geschlechtshormon ist verantwortlich für »typisch« männliche Verhaltensweisen. Wir Frauen werden dadurch angriffslustiger und streitbarer. Männer nun fürsorglicher und umsichtiger. Was sich bei ihnen zielorientierte Konfliktlösung nennt, übernehmen wir in unseren weiblichen Verhaltenskatalog. Ein schöner Wechsel, wie ich finde.

Unsere weiblichen Hormone, die Östrogene, tanzen. Seine auch. Sie tanzen nur nicht im selben Rhythmus, nicht im gleichen Takt, und vor allem nicht mehr nach derselben Melodie. Das ist auch so geblieben, aber heute schadet es dem Miteinander wenig. Im Gegenteil. Es belebt unsere Beziehung und rückt gerade, was zuvor schief hing. Der Unterschied zu damals ist, dass wir inzwischen über innerseelische Prozesse und hormonelle Übergangsphasen genauestens Bescheid wissen. Wir fangen unsere unterschiedlichen Stimmungslagen mit viel Humor auf und nehmen die unpassenden Töne nicht mehr gar zu ernst. Jede wechseljährige Umstellung dauert nämlich eine ganze Weile. Genau genommen, zweimal sieben Jahre. Sieben Jahre vor und sieben Jahre nach der Menopause. Das macht Sinn, denn unsere gesamte Entwicklung verläuft in Siebenjahresphasen. Wann die männliche »Andropause« beginnt, ist natürlich nicht so leicht auszumachen. Welcher Mann gibt schon offen zu, dass er vor sich hin schwächelt? Kann er z.B. sein übliches Sportpensum nicht mehr in der gewohnten Zeit schaffen, denkt er immer noch, das legt sich wieder. Aber nichts dergleichen wird geschehen.

Er kauft sich vielleicht flottere Laufschuhe oder wechselt den Laufpartner in der Hoffnung, sein Leistungsabfall habe nur daran gelegen. Das ist aber in der Regel der Beginn seiner Wechseljahre! Wir Frauen haben unser körperliches Fortpflanzungsprogramm mit der Menopause abgeschlossen und können beginnen, uns geistig weiter fortzupflanzen, indem wir uns neu orientieren, die ausgetretene Spur verlassen und Weichen stellen, die uns fordern. Wir stehen im Wechsel an einem Wegkreuz und sehen eine Unmenge von Hinweisschildern.

Manche wechseln den Beruf oder gönnen sich eine Zusatzausbildung. Manche wechseln Partner oder Freunde. Manche renovieren ihre inneren Räume, manche ihre äußeren. Manche bauen sich noch einmal ein Haus oder zeugen ein weiteres Kind. Manche wandern aus oder lassen sich liften. Die meisten Menschen spüren mehr oder weniger einen inneren Drang zur Veränderung, wenn es auf die vierzig zugeht. Manche haben weniger Gespür dafür. Dann kommt es meist auf der Körperbühne zu einer entsprechenden Inszenierung. Der Körper ist weiser als der Intellekt und reagiert bei permanenter Überforderung entweder mit zunehmender Erschöpfung und Ermüdungserscheinungen oder mit verstärkten Symptomen wie Schlaflosigkeit, Unruhe, Herzrasen, ja manchmal sogar mit richtiggehenden Panikattacken. Das sind eigentlich keine typischen Wechseljahrssymptome, sondern sie wirken als Warnsignale, damit die Botschaft verstanden wird. Es gibt hundert Möglichkeiten, sich auf die Suche nach dem neuen Sinn des Lebens zu machen. Leben wir in einer langjährigen Partnerschaft, erhalten beide Partner Gelegenheit, neue Schritte in der Beziehung zu erlernen, um einen Paar(ungs)-tanz ganz anderer Art einzuüben. Die Hormone machen es uns im Prinzip leichter mit der Phase des Übergangs zum

Älterwerden. Obwohl ja niemand alt werden will. Mein Mann und ich schon. Und zwar miteinander. Das hatten wir uns schon in der Jugend geschworen. Jetzt war die Zeit gekommen. Schneller als gedacht. Wenn ich zurückblicke, kann ich sagen, wir näherten uns einander immer wieder an. Bewegten uns oft aufeinander zu. Bewahrten Abstand, um uns in den Verschnaufpausen genauer betrachten zu können. Doch diese Pausen wurden immer kürzer. Das Verschnaufen endete immer öfter in Ablenkungsmanövern. Und am Ende gerieten wir aus dem Takt, was wir ganz offensichtlich brauchten, um uns als Paar wieder neu zu finden. Seit unserer letzten Trennung rücken wir körperlich kaum noch voneinander ab. Ich genehmige mir heute regelmäßig geistige Flugstunden, um meine Flügel in ihrer gesamten Spannbreite entfalten zu können. Und genau an dem Punkt fing unsere Herausforderung an: Als ich meinen Radius vergrößern wollte, mich selbst zu suchen begann, was bei Frauen schnell Egoismus genannt wird. Ich sah eine Menge Hinweisschilder, denen ich gerne gefolgt wäre, und folgte zunächst doch nur dem für mich wichtigsten Wegweiser. Genau genommen begann die Herausforderung auch schon bei unserer ersten Trennung auf Probe. Wir lebten zeitweise zielstrebig aneinander vorbei und steckten in den Vierzigern fest. Wir schienen so ziemlich alles erreicht zu haben, was wir uns in den Kopf gesetzt hatten. Das Ende der Fahnenstange schien für mich noch lange nicht erreicht. An Wechseljahre dachten wir beide nicht, als unser Ehegemäuer leise vor sich hin bröselte. Eher an übliche Schwierigkeiten, die man halt so hat, nach über zwanzig Ehejahren.

Zwischen Dissonanz und Harmonie

Tagebücher (1. Teil) 1994–1995

Sommerwalzer

Sommer 1994

Dieser Sommer strahlt besonders blau. Kurzfristig bin ich wieder mal glücklich. Die alte Stadtvilla steht zum Verkauf. Seit Jahren werfe ich schon einen Blick darauf. Ich bedränge dich. Du gibst nach. Wie so oft. Es geht dir eben besser, wenn du Frieden mit mir hast. Nicht, dass du dieses Prachtstück nicht ebenso wolltest. Es ist nur deine leise Ahnung, dass wir uns dieses Objekt eigentlich nicht leisten können. Deiner inneren Stimme mehr Gehör zu schenken, ist nicht deine Stärke.

Ich fege deine Bedenken lachend in einer stürmischen Liebesnacht davon. Das hat dich schon immer weich gestimmt. Und zusammen sind wir ungeheuer stark, was unsere Wünsche betrifft. Was wir wollen, holen wir uns. Was wir nicht bekommen, erkämpfen wir uns.

Die Villa ist ein Traum. Außen feudal hergerichtet. Innen liebevoll restauriert und behutsam modernisiert. Uns geht es gut miteinander. Beschwingt richten wir es uns behaglich miteinander ein.

Unser gemeinsames Glück hielt bis September, Hanna! Aus heiterem Himmel wurde ich unzufrieden und ganz nörgelig. Es gab eigentlich keinen vernünftigen Grund, außer dem einen, dass mein Geschäft leider auch im siebten Jahr immer noch keine besonders hohen Gewinne abwarf. Mit Ende dreißig machte ich mich selbständig, um unbekannte Berufswege einzuschlagen. Weg vom helfenden, erzieherischen Beruf. Ab ins unternehmerische Neuland. Umbruchsstimmung steckte mir seitdem in allen Gliedern. Die alten Wege waren längst ausgelatscht, und ich interessierte mich nicht mehr so sehr für Kindergartengequäke, Kartoffelfeuer auf dem Feld und Kindergottesdiensten an freien Samstagen. Mein Geschäft wurde deshalb ziemlich schnell eine Erweiterung meines wachsenden ICH's. Ich verkaufte feine Köstlichkeiten und stelle mein Lädchen regelmäßig für Ausstellungen regionaler Künstler zur Verfügung. Ich spürte Aufbruch zu neuen Ufern. Machte die ersten Leinen los.

Zwischendurch investierten wir fleißig vom Gehalt meines Mannes, was mir kein schlechtes Gewissen machte, schließlich habe ich ihn in unseren ersten Jahren, als er noch studierte, auch finanziell unterstützt. Nun gab es einen gerechten Ausgleich dafür. Zeitgleich entzündeten sich Konflikte, mit dem prä-pubertierenden Sohn. Er war ein bisschen früh dran. Doch seit wann können Eltern sich aussuchen, wann es bei den Kindern mit der Abnabelung so weit ist? Er wollte sich an der Unantastbarkeit meines Mannes reiben. Ich ließ es nicht zu. Ewig funkte ich dazwischen. Nach Geschäftsschluss kam ich am Abend immer öfter müde, abgespannt und ziemlich erschöpft nach Hause, während mir mein Mann ziemlich ausgeruht erschien. Darauf reagierte ich zunehmend gereizter. Ich spürte erste körperliche Ermüdungserscheinungen und wollte die partout nicht wahr haben. Auch wollte ich nicht zur Kenntnis nehmen, dass Vater und Sohn sich in vielem ähnlich waren, und allein schon deshalb aneinander geraten mussten. Das väterlich ausgerichtete Männerbild meines Mannes erfuhr durch die fast täglichen Auseinandersetzungen mit dem heranwachsenden Sohn – der sie lautstark einforderte – eine längst fällige Korrektur. So etwas hat er von Haus aus nie kennen gelernt und folglich war er darin ungeübt. Ich hielt es sehr schlecht aus, wenn sie laut miteinander wurden. Das erinnerte mich an die lautstarken Auseinandersetzungen meiner Brüder mit unserem Vater. Bevor meine Mutter am Nachmittag zur Arbeit ging, prägte sie mir ein, aufzupassen, und sie nicht aus den Augen zu lassen. Die Nachbarn dürften schon gar nichts von den Streitereien mitbekommen. Ich hatte also eine Menge zu tun!

Zum geschäftlichen Ausgleich brauchte ich geistige Nahrung. Ich bevorzugte Frauenliteratur, Psychologie und Philosophie und las bis weit nach Mitternacht. Aus diesem Grund wanderte ich immer öfter ins winzige Gästezimmerchen aus, um ungestört lesen zu können. Morgens schlief ich mich ungeniert aus, während mein Mann seit Stunden Unterricht hielt. Mittags trafen wir uns zwischen Tür und Angel, besprachen dabei nur das Notwendigste. Er nahm sich meist wortkarg sein Essen, weil ich mich wie immer in Eile befand und ihn mit Beschwerden non stop überfiel. Er setzte sich kommentarlos mit dem Teller vor den Fernseher, um mir zu entkommen, was ich heute sehr gut nachvollziehen kann.

Den Haushalt schmiss ich wie gewohnt mit links und hastete in letzter Sekunde ins Geschäft. Konnte mich außerdem nicht von meinem Spiegelbild trennen. Mein Aussehen war mir plötzlich nicht mehr schnuppe. Ich bemerkte seit längerem schmachtende Blicke anderer Männer. Es waren leider nicht die des meinen. Künstler gingen in meinem Geschäft ein und aus, und Flirten machte mir ungeheuren Spaß.

Herbsttango

Herbst 1994

Drückende Resthitze in spärlicher Luft. Sengender Atem verbrennt uns beiden das betriebsarme Hirn. Wir leben ungut nebeneinander her. Die Eheluft zwischen uns ist dünner geworden. Wir reden wenig miteinander und wenn, dann denken wir selten darüber nach, was wir uns gesagt haben.

Eine alte Freundin von mir umflattert dich. Sie ist eigentlich nicht dein Typ. Ziemlich dürr, und meiner Meinung nach sehr oberflächlich, was mich ihr gegenüber schon seit längerem distanzierter gemacht hat. Dir scheint im Prinzip egal, welcher Schmetterling dich umkreist. Hauptsache, dein empfindsames Ego wird gefüttert. Ich tu es ja nicht. Jedenfalls viel zu wenig. Seit langem quälen dich existenzielle Fragen: »Was wäre, wenn … ich einen Motorradführerschein besäße?« Du erfüllst dir den einstigen Jugendtraum. Genehmigt! »Wenn ich doch einen Waschbrettbauch bekäme.« In der Muckibude, sprich Fitnesscenter, trainierst du ihn dir hechelnd an. Auch das finde ich noch in Ordnung. »Wenn ich eine schöne weite Reise machen könnte.« Ich kann aus geschäftlichen Gründen nicht mit, gönne dir diesen Trip trotzdem von Her-

zen. Der Sohn erobert mit dir Floridas Küste. Plötzlich ekelt es ihn vor deinem allzu behaarten Köper, welchen er dir regelmäßig eincremen soll. So viel haarige Männlichkeit überfordert ihn ganz offensichtlich.

Und ganz hinten im Hirn dämmert es dir und mir: »Was wäre eigentlich, wenn wir uns mal für eine Weile trennen würden?«

Die Zeiten, in denen du ohne mich Urlaub machst, sind nicht die schlechtesten. Ich komme und gehe wann ich will, esse wann und was ich will, und höre die Musik, die nur ich hören will. Keiner hinterlässt Spuren in meinem aufgeräumten Heim. Ich durchschreite gutgelaunt mein sonniges Paradies. Allein zu leben ist einfach herrlich!

Das wurde mir in jungen Jahren nicht erlaubt, als es an der Zeit gewesen wäre, mich altergerecht vom Elternhaus abzunabeln. Damals wurden wir erst mit einundzwanzig volljährig.

Es gab sogar den sogenannten »Kuppelei-Paragraphen«, kannst du dir das vorstellen, Hanna? Der bedeutete, meine Eltern machten sich eigentlich strafbar, wenn sie uns als jungendliches Liebespaar unbeaufsichtigt allein zu Hause ließen. Ich brauchte zum Heiraten ihre Erlaubnis. Das waren vielleicht Zeiten.

Nun regte sich also in der Mitte meines Lebens ganz unvermutet eine übrig gebliebene Sehnsucht. Ich provozierte meinen Mann aus diesem Grund – natürlich gänzlich unbewusst – damit er mich – wie ich heimlich hoffte – gehen ließ und ich keine Schuld auf mich laden musste. Ich testete wie ein Kind meine Grenzen und traute mich einfach nicht, ihn zu fragen ob ich eine Zeit lang alleine wohnen könne, um festzustellen, ob ich da was versäumt habe. Das gehört sich nicht, hörte ich ihn im Geiste sagen. Eine Ehefrau kann nicht einfach so ausziehen und alleine wohnen wollen! Wo kämen wir denn da hin, wenn das jede ausprobieren würde. Dabei waren das eher Worte meines Vaters, die ich da im Ohr hatte und die nicht das Entfernteste mit meinem Mann zu tun hatten. Doch auch das wusste ich zu diesem Zeitpunkt nicht.

Überhaupt verhielt ich mich wie eine Pubertierende. Ich kramte geheimnisvoll in meiner Seele herum. Mein Mann sagte wenig dazu, und wenn, dann nahm ich ihn nicht besonders ernst. Was hatte ich schon zu befürchten? Schließlich war er mir seit Jahrzehnten so vertraut wie ein lieb gewordenes Möbelstück, an dem ich manchmal viele Tage achtlos vorbeiging. Manchmal berührte ich ihn und genoss, dass er da stand. Ich erinnerte mich nur noch schwach daran, welche Freude es mir bereitete, genau dieses Prachtstück zu erwerben. Hatte ich genug gestaunt, wendete ich mich scheinbar wichtigeren Dingen zu. Ich gebe zu, ich pflegte das Parkett an manchen Tagen mit mehr Hingabe als unsere alte Ehe. Warum denn immer ich? dachte ich. Warum sollte ich immer das Gespräch suchen? Warum löchern, und Beziehungsgespräche aus der Nase ziehen? So einiges lag im Argen, was hätte besprochen werden müssen. Nein, Reden war nicht mehr die besondere Stärke in unserer Ehe. Mein Mann ging allem Unangenehmen aus dem Weg. Wollte seine Ruhe. Alles Zwischenmenschliche war ihm zu Hause zu anstrengend. Ich kam deshalb immer öfter auf die irre Idee, mitten in der Nacht Fälliges mit ihm zu besprechen, wenn ich schon mal neben ihm lag. Drehte ich verbal so richtig auf, erlahmte er sichtlich. In der Nacht konnte ich aber am besten reden. Da konnte er mir außerdem nicht davonlaufen. Meine Versuche, ihn zum besseren Miteinander zu bekehren, scheiterten natürlich. Heute kann ich nur die Hände über dem Kopf zusammenschlagen, wenn ich mir vergegenwärtige, wie fatal unsere Kommunikation damals ablief.

Wie sehr ich mich nach Gesprächen sehnte, bemerkte ich im Übrigen daran, wenn die anderen Männer, mit denen ich beruflich zu tun hatte, sich plötzlich für meine weibliche Sicht der Dinge interessierten, und sich mir in dieser Hinsicht mit sichtlicher Lust und Leidenschaft widmeten. Ihr wachsendes sexuelles Interesse an mir wollte ich zu dem Zeitpunkt nicht wahrnehmen und blendete es aus. Ich fühlte mich unverstanden von meinem Mann. Selten hörte er mir richtig zu. Noch seltener war er an meinem weiblichen Innenleben interessiert. Die paar Sternstunden, die wir gesprächsbereit miteinander teilten, waren mir einfach viel zu wenig. Ich brauchte Gespräche wie Luft zum Atmen! Zu spät registrierte ich, dass diese anderen Männer mir gegenüber das gleiche von ihren Frauen behaupteten, wie mein Mann später von mir: »Meine Frau und ich, wir sprechen nicht mehr die gleiche Sprache!«

Überhaupt beschämt es mich heute noch, welche eindimensionale Sichtweise ich an den Tag legte. Sicher, es gab eine Schieflage in der Beziehung. Im Prinzip war ich aber auch nicht besonders willig, die Verantwortung für meinen Wunsch, alleine zu leben, zu übernehmen. Es erschien mir einfacher, die Angelegenheit laufen zu lassen. Also gebärdete ich mich so, dass mir mein Mann die Entscheidung abnehmen und mich aus dem ehelichen Paradies werfen sollte. Dann würde er zum Täter und ich konnte darauf hoffen, mich später als Opfer zu rehabilitieren. Genau das Verhaltensmuster habe ich seit frühester Jugend gelernt!

Als die Künstler mit ihrem exotischen Denken sich mir intellektuell näherten, genoss ich das schon sehr, das gebe ich unumwunden zu. Ich fühlte mich aufgewertet durch ihr

Interesse. Was ich sagte, hatte Gewicht und wurde geschätzt. Auch da gab es Parallelen zu meiner Jugendzeit, von denen ich dir noch berichten werde. Darüber hinaus erprobte ich genüsslich meine Auftritte. Wo ich in der Pubertät zu kurz gehalten wurde, gestattete ich mir nun immer öfter Ausflüge. Und zwar zu *meinen* Bedingungen.

Winterjazz

Winter 1994

Eis umhüllt mein Herz. Ich erstarre bewusst. Heute muss etwas geschehen. Seit gestern weiß ich, dass ich so nicht weiter leben will. Ich stelle es mir so vor: Du wirst wie gewohnt nach Hause kommen. Alles wird wie immer sein. Die Küche, aufgeräumt wie eh und je. Aber ich werde nicht mehr da sein. Meine Flucht plane ich schon seit langem. Du wirst wie erwartet zum Telefon greifen, um mich wie gewohnt im Geschäft anzurufen: Ich komme nicht mehr zurück, werde ich kühl erwidern und dann auflegen.

Was du vorgestern im Zorn aussprachst, tut nun seine Wirkung: »Vielleicht ziehst du mal für eine Weile aus, damit du zur Besinnung kommst. Deine hysterischen Anfälle sind nicht mehr zum Aushalten!« Mir ist klar: Ich muss handeln! Jetzt oder nie. Ich habe nur wenig Angst vor diesem Schritt. Will mutig sein!

Ich igelte mich in meinem Geschäft ein. Richtete mir das Büro her. Das Weihnachtsgeschäft stand vor der Tür. Da hatte ich ohnehin genug zu tun. Der Umsatz war gut wie selten zuvor. Ich funktionierte bestens. Ich drehte nicht durch, lief nicht Amok. Ich griff auch nicht zum Messer. Obwohl ich inzwischen aus sicheren Quellen wusste, dass meine alte Freundin meinen Mann umkreiste wie die Motte das Licht. Es war mir egal. Fick doch, wen du willst, wenn du meinst, es tun zu müssen, dachte ich gleichgültig. Wahrscheinlich stand er doch auf klapprige Weiber, mit dem Hirnvolumen einer Puderdose …

Teufel noch mal, in Wahrheit sprühte ich Gift und Galle und war alles andere als gleichgültig, das kann ich dir wohl sagen, Hanna! Im Verbergen meiner Gefühle war ich gnadenlos gut. Ich erinnere mich jetzt auch wieder, warum ich so über diese alte Freundin schrieb. Sie war mir mal sehr vertraut. Ihr vertraute ich nämlich zum ersten Mal an, wie kreuzunglücklich ich seit längerem in meiner Ehe war. Sie gab mir damals gute Ratschläge und verstand mich, denn genau so sei es ihr auch ergangen. Seit langem unglücklich geschieden und auf der Suche nach einem geeigneten neuen Mann, hielt sie mich stets auf dem Laufenden, wie Männer (angeblich) sind. Wie sie denken und was sie fühlen. Wie sie handeln und sich aus der Verantwortung stehlen.

Zu diesem Zeitpunkt war ich mehr als naiv und glaubte ihr, die immerhin zehn Jahre älter war als ich, einfach alles, was sie sagte. Und dann das! Ich war wie vor den Kopf geschlagen und konnte nur im Tagebuch meiner ungeheuren Wut und Enttäuschung darüber Ausdruck verleihen. Nur wenige Wochen später schüttete Sie mir am Telefon ihr Herz aus: Dein Mann wollte sich ein wenig bei mir anlehnen, weißt du das eigentlich? Ich hörte ihr zu und war nicht fähig aufzulegen. Von ihr erfuhr ich nämlich, worunter mein Mann litt und was er sich bei mir vergeblich ersehnte. Ich konnte ihn dadurch mit einem distanzierteren weiblichem Blick betrachten. Genau das war mir bei ihm abhanden gekommen.

Ich hielt trotzdem eisern durch. Auch so ein Relikt aus der Familienkiste: Einmal begonnen, zu Ende bringen! »Du stehst erst auf, wenn der Teller leer gegessen ist!« Selbst wenn das Stunden dauern sollte. Als Single auf Probe sparte ich plötzlich eine Menge Geld. In meinem Einkaufskorb lag nie besonders viel: Rei aus der Tube, Knäckebrot und Tampons. Im Kühlschrank herrschte gähnende Leere. Für mich zu sorgen, fand ich nicht besonders lohnenswert. Weihnachten klopfte nüchtern an meine Tür. Einem Bettler vor dem Supermarkt spendierte ich täglich belegte Brötchen, die er mit feuchten Augen verschlang. Ich wurde gemahnt, an meine Pflichten zu denken: Eine Mutter ist immer das Rückgrat in der Familie, schrieb mir die meinige auf die Weihnachtskarte, weil ich nicht bei meiner Familie blieb und auch nicht zu ihnen an den Gabentisch eilte. Ich musste Grenzen sprengen. Auch oder gerade bei ihnen. Ich wollte heraus aus einem zu engen Käfig und entfloh erst mal der Ehe, statt mich mit meiner bisherigen Rolle als Tochter näher zu beschäftigen. Ich bat meine Kinder um Verständnis für mein Verhalten. Und das war es auch schon.

So feierte ich das Fest der Liebe mit lauter »Exen«, also ich meine, mit lauter Ex-Ehemännern und Ex-Ehefrauen, mit Ex-Freunden und deren Ex-Freundinnen, die in Ermangelung passender Partner, »Exen« neben sich platzierten. Meine Güte. So ging das bei und mit denen zu? Du musst wissen Hanna, ich befand mich zum ersten Mal in einem Kreis wie diesem, und fand alles sehr irritierend und auch aufwühlend. Schon nach dem Gänsebraten wurde mir übel. Nicht von der fetttriefenden Gans, sondern von den Ex-Gatten, die sich gegenseitig weinselig bejammerten.

Die weiblichen Singles verstanden die Welt nicht mehr. Da saßen sie nun adrett und appetitlich anzuknabbern, hübsch drapiert in der Weihnachtsdekoration herum. Und kein männlicher Blick, der Interesse signalisiert hätte, traf sie. Geschliffene Gläser umkreisten betäubte Gefühle. Was macht mein Sohn nur ohne mich, was die Tochter ohne mein Taschengeld, und überhaupt, was habe ich bloß alles falsch gemacht … lallten sie in tranigem Selbstmitleid.

Ich hatte mir das anders vorgestellt. Das unreflektierte Gejammere schreckte mich ab. Am Ende wollte ich nicht mehr zuhören. Warum fragten sie sich erst unterm Tannenbaum, was schief gelaufen war? Warum verplemperten sie ihre Gefühle beim letzten Glas Wein? So wird es nicht auf allen Single-Weihnachtspartys sein, doch die, die ich erlebte, war jämmerlich. Noch vor Mitternacht war ich wieder in meiner selbstgewählten Einsiedelei. Überhaupt war mir merkwürdig zumute. Ich hatte seit Wochen, was ich wollte: Freiheit und Unabhängigkeit. Was wollte ich denn noch?

Oh je, wie weit entfernt war ich noch von dem, was es für mich zu begreifen galt. Wie überheblich ich mich gedanklich über das Leid anderer erhob. Ich schien die allumfassende Weisheit gepachtet und überdies mit silbernen Löffeln gefressen zu haben und ahnte nicht, dass auch ich eines Tages in diesen Refrain einstimmen würde. Zudem hätte ich genug damit zu tun gehabt, mich vom Elternhaus und deren übernommenen Wertemustern abzunabeln. Ich stellte zwar alles in Frage und befand mich in einer permanenten Abwehrhaltung, aber mehr kam (noch) nicht dabei heraus.

Sylvesterball

Jahreswende 1994/95

Ich feiere bewusst allein. In der Wohnung einer Freundin, die mit ihrem Ex-Lover in Madrid weilt. Mir geht es immer noch nicht schlecht. Irgendwie genieße ich sogar die verblüffend schlichte Einsamkeit. Ich brauche plötzlich so wenig, um zufrieden zu sein. In den stillen und einsamen Stunden mit mir, ohne jegliche Ablenkung, tauchen hin und wieder abgedriftete Gefühle wie Treibholz auf und stranden in meinem buchhalterisch geführten Hirn. Der von mir verlassene Ehegatte ruft mich fast stündlich an: Ob ich nicht doch ...? Um Mitternacht ziehe ich Bilanz: Es ist nicht nur die äußere Freiheit, die ich suche. Es ist auch nicht der Gatte, der mich nervt. Es muss etwas mit mir selbst zu tun haben. So allein und auf mich selbst zurückgeworfen, stochere ich zur Abwechslung mal nur in meinem Seeleneintopf herum und fördere Erstaunliches dabei zutage. Ich verspreche meinem Mann am Telefon: Ich komme morgen Mittag und bleibe bis zum Abend.

Es fiel Schnee, während ich in seine Richtung fuhr. Zwei Monate war ich kaum zu Hause gewesen. Wie sieht er wohl aus? Wie sieht es wohl in der Villa aus? Ich klingelte freudig erregt. Der Mann mit den wunderbar braunen Augen bat mich auf mein blauweißgestreiftes Lieblingssofa, das ich wirklich vermisst hatte. Wir plauderten über dies und das. Bis ich ihm freudig meine liebevoll zusammengezimmerte Weihnachtskarte schenkte: Wir wollten doch immer mal zusammen Pferde stehlen gehen! Auf der Rückseite das »Brigitte Horoskop«, dort stand ungelogen:

Engagieren sie sich bewusst dafür, was ihnen voll und ganz entspricht … sie haben jetzt sehr viel Macht über andere Menschen … vielleicht finden sie privat den Lebensstil, der zu ihnen passt und der ihnen sowohl Freiheit als auch Geborgenheit gibt. Im November dreht sich alles um Liebe und Erotik und sie genießen ihr aufregend schönes Leben.

Meinem Mann traten Tränen in die Augen, während ich von meiner Vision berichtete, ihn wieder ganz freiwillig zu lieben und so oft zu besuchen, wie ich und er es nur wollten. Den beschissenen, lähmenden Alltag, den wollte ich einfach nicht mehr mit ihm teilen. Ausgelassen und glücklich wie kleine Kinder, lagen wir uns in den Armen.

Es kam zu keiner Affäre mit der alten Freundin und ich hatte das Alleinsein gründlich satt, Hanna. Außerdem musste ich fest stellen, dass die Probleme der fremden Männer sich haargenau so anhörten wie die, welchen ich zu entkommen versucht hatte. Also konnte ich meine Energien doch besser für mich und meinen Mann verwenden. Federleicht erinnerten wir uns auf dem Sofa an alte geglückte Tage und es war klar: Wir liebten uns immer noch. Was wollten wir mehr?

Neujahrsempfang

Zum Jahresbeginn 1995

Der Wintertag meint es gut mit uns. Wir schneien nämlich ein. Wenn das kein Zeichen vom Himmel ist. Zwei Tage komme ich nicht weg von dir. Und auch nicht aus deinem

Bett heraus. Wir lieben uns, was das Zeug hält, und ergeben uns dem vitalen Gefühl füreinander.

Unsere Kinder lassen sich nicht blicken. Sie bleiben vorerst bei Freunden. Ihnen ist wohl alles peinlich, was wir anstellen. Irgendwann melden sie sich. Freuen sich nur zögerlich. Sie trauen unserem neuen Frieden nicht so recht. Seit Monaten kannten sie von uns nur Zankereien und Versöhnung. Streitereien und Versöhnung. Machtgerangel und Versöhnung. Jetzt ist also wieder mal das Verzeihungsprogramm dran. Statt in den Haaren liegen wir uns nun ständig in den Armen. Was sollen sie auch davon halten? Sie haben es satt, unser ewiges Stimmungsschwanken über sich ergehen zu lassen. Schließlich haben auch sie genug mit sich selbst und ihren Gefühlen zu tun. Wir passen da absolut nicht rein. Wir haben uns gefälligst anständig zu verhalten. Wie Eltern eben.

Und so traten wir uns bald wieder kräftig auf den Füßen herum und tanzten nach den unterschiedlichsten hormonellen Melodien aus der Reihe. Was uns zunächst nicht bekümmerte …

Weihnachtstrompeten

Weihnachten 1995

Wir feiern idyllisch wie nie zuvor. So, als wäre es das letzte Mal. Wir schenken uns, ohne es geplant zu haben, die gleichen Ringe mit unserem Sternzeichen. Der Sohn spielt uns im festlichen Wohnzimmer auf seinem Schlagzeug ein punki-

ges Weihnachtslied. Wir lieben uns immer noch über alles und freuen uns über das Jahr, das relativ ruhig verlief. Nur wenige Störfälle und viel Liebesgezwitscher. Ab und an ein turbulentes Affentheater mit dem Sohn.

Ich bleibe ihm gegenüber ziemlich tolerant, was seinen Erzeuger manchmal auf die Palme bringt. Er ist es gewohnt, ordnend und kontrollierend in den Erziehungsstil einzugreifen. Nun entgleitet ihm allmählich die Macht. Ein männliches Schicksal, was sich schließlich in allen Familien früher oder später ereignet. Unser Sohn provoziert seinen Vater gerne bis aufs Blut. Der nimmt jeden pubertär verrückten Angriff von ihm persönlich, zieht sich an manchen Tagen gekränkt und beleidigt zurück. Meine Güte, wieso schafft er bei seinen Schülern, was ihm beim eigenen Kind nicht gelingen will?

Ich wollte damals, dass er sich liebevoll, väterlich und vorbildhaft näherte. Er wollte dem Sohn an manchen Tagen liebend gerne eine kleben. Ich vermittelte heftig. Im Ernstfall stand ich immer zu den Kindern. In diesem Fall zum Sohn. So lebte es mir schon meine Mutter vor, die dieses Verhalten von ihrer Mutter übernahm: Klappt es nicht mit dem Mann, polstern Söhne die weiblichen Wunden aus. Vom Mann enttäuscht, widmeten sie sich ausgiebig ihren Söhnen. Der Mann agierte außen. Die Frau regierte ungehindert im Binnenraum Familie. Vorgelebte Familienmuster.

Fühlte mein Mann sich verraten, ging er fälligen Auseinandersetzungen aus dem Weg. So lernte er es von seiner Kindheit an. Nur kein Theater mit der Mutter. Ich war aber nicht wie seine Mutter! So versuchte ich, ihn psychologisch geschickt zu entlarven und verwickelte ihn in Gespräche, die ihn nervten. Und weil ich das bemerkte, ließ ich wenig Chancen aufkommen, dass die Runde an ihn ging. Warum? Weil ich gerne alles besser wusste und mich wortgewandter fühlen wollte. Ich nutzte meine verbalen Stärken aus, Hanna. Wenn ich mich unterlegen fühlte und nicht mehr weiter wusste, wurde ich auch schon mal sehr polemisch, was mein Mann »gemein« nannte. Ohne es zu bemerken, schlidderten wir da schon auf altbekanntes Glatteis zu. Ich sprang in diesen Situationen ganz gezielt über Grenzen und beging einen großen Fehler: Ich spazierte ungebeten und ungefragt durch seine männlichen Seelenräume, warf den ganzen untauglichen Plunder raus, an dem er hing, und richtete neu ein. Ich wollte ihn an manchen Tagen liebend gerne umerziehen. Er mich natürlich auch. »Wenn du doch bloß anders wärst, wäre alles einfacher«, dachte jeder von uns. Es brachte mich regelmäßig in Rage, wenn er mich zu belehren versuchte. Es empörte ihn, wenn ich ihn dabei unterbrach und nicht ausreden ließ. Klar, da kam mir auch mein Temperament in die Quere. Aber das ist keine Entschuldigung.

Ein erster Versuch, mehr von den partnerschaftlichen Interaktionen zu verstehen, wäre gewesen, sich gegenseitig besser und aufmerksamer zuzuhören. Was stand hinter den Worten? Hier ging es um ungleiche Machtverhältnisse, die wir als solche noch gar nicht erkannten. Wo es mir mehr um einen toleranten Stil in der Erziehung unseres Sohnes ging, da forderte mein Mann eher den autoritären ein, den er selber am eigenen Leib erfahren hatte. Gehorsam wird entweder durch Strenge erzeugt oder durch Einsicht. Mir war letzteres lieber. Das Wort des Vaters sollte Gesetz sein, denn der meint es ja eigentlich nur gut, war die Ansicht meines Mannes. Wir waren völlig konträr in unseren Ansichten zur Erziehung und verstanden es nicht, unsere eigenen unguten Kindheitserfahrungen und die daraus resultierende Erkenntnis, was uns genützt und geschadet hat, von dem zu trennen, was mit unserem Sohn zu tun hatte.

Unsere Auseinandersetzungen diesbezüglich stellten sich uns damals gerne in den Weg, wenn es darum ging, durchgreifende Veränderungen in der Partnerschaft herbeizuführen. Wir errichteten deshalb lieber Nebenschauplätze, um nicht auf unserer Bühne arbeiten zu müssen. Doch noch schonte uns das alte Jahr und wir durften überwiegend angenehme Tage und Nächte miteinander verbringen.

Umbruchszeiten

Tagebücher (2. Teil) 1996–1997

Ich kann!

Februar 1996

Ein Anruf, der meine (schein)heile Welt zum Einstürzen bringt: Papa hat Krebs. Es sieht ganz schlimm für ihn aus … erschüttert mich mein Bruder am Telefon. Ich weine hemmungslos in deinen Armen. Kann plötzlich nichts mehr fühlen. Erster Schlaganfall in meiner Seele. Ich muss sofort zu meinem Vater. Warum? Warum gerade jetzt, wo es mir doch so gut mit dir geht? frage ich verständnislos. Ich fahre mit unserer Tochter zu ihm. Meine Mutter befindet sich wie seit Jahren bei der Schwester, als die Diagnose gestellt wird.. Sie will so schnell wie möglich zurückkommen. Mein Bruder ist schon vor mir da. Mein jüngerer kommt kurz darauf. Es ist nicht abgesprochen. Im Notfall steuern uns die gemeinsamen Gene. Wir haben schon als Kinder gewusst, wann wir einander am meisten brauchen. Dieser Abend zusammen ist wohl der innigste und ehrlichste, seit ich denken kann. Nie waren wir unserem Vater so nah. Nie haben wir ihn wohl mehr geliebt. Das Ausmaß unserer Hoffnungslosigkeit ist grenzenlos. Wir liegen uns in den Armen. Weinen und schluchzen.

Mein Vater legt seinen Kopf auf die Schultern meines jüngsten Bruders. Ein Bild, das sich tief in meine Seele gräbt.

Und ich weiß nicht, warum mir das Schicksal diesen Schmerz zumutet. Ich bin doch erst im letzten Jahr so viele beschwerliche Wegstrecken gegangen und habe einen fast unbezwingbaren Beziehungsberg überwunden. Ich war froh, meine Stolpersteine aus dem Weg geräumt zu haben. Die Trennung, die Krise, all die Höhen und Tiefen habe ich ausgelebt und bewältigt. Ich habe zurückgefunden zu dem, was mir immer wichtig im Leben war. Meine Familie. Die, aus der ich komme, und die, welche ich geschaffen habe. Ich bekomme eine leise Ahnung, wo meine Wertigkeiten des Lebens liegen. Doch wie halte ich es aus, dass wir endlich sind, dass es keine Rettung und keine Hoffnung für meinen Vater gibt?

Wir alle litten. Unser Sohn hatte, wie ich, die ersten Schlafstörungen. Mitten in der Nacht stand er in der nachtdunklen Küche, kochte sich Tee und starrte verloren aus dem Fenster. Hinunter auf die leere Straße. Was ging in ihm vor? Unsere Tochter war schier untröstlich. Sie wollte ihrem Großvater so gerne ihre eigenen Kinder in die Arme legen. Ich dachte damals viel darüber nach.

Wie würde ich mit solch einer Todesbotschaft umgehen? Habe ich genug gelebt und geliebt? Konnte ich zufrieden sein mit meinem Leben, so, wie ich bis jetzt gelebt habe? Zu allem ein JA.

Ich bereute damals wirklich nichts, Hanna. Nicht meine Fehler, nicht die Kümmernisse und Verfehlungen, die ich beging. Alles hatte seine Berechtigung, auch wenn ich Menschen dabei verletzte. Es gab keinen anderen gangbaren Weg für mich. Einiges habe ich wieder gutmachen können. Nicht alles. Damit musste ich lernen zu leben. Bitternis und Hader waren zu diesem Zeitpunkt nicht meine Sache. In kritischen Situationen gelten die Gesetze der Seele. Man wird wahrhaftiger und erkennt das Wesentliche.

Durch den Schock gelangte ich in eine Ausnahmesituation, die ein Signal auslöste. Die Hypophyse arbeitete auf Hochtouren und sendete ihre Botschaft an jede meiner Zellen: Bereit machen zur Menopause! Aber auch davon wusste ich nichts.

Seelsorge beim Sohn um Mitternacht. Tief verzweifelt hielt auch er die Belastungen nicht mehr aus. Den Schulstress nicht, das Leben als solches schon gar nicht. Er wollte sich (noch) nicht beugen, niemals die unsinnigen Regeln und Normen der Erwachsenen akzeptieren. Auch sein Temperament war seinem Handeln im Weg. Er war noch so jung im Werden. Und es war völlig normal, in diesem Alter gegen die Welt anzuschreien und Ungerechtigkeiten anzuprangern. Mir wurde in dieser Nacht klar: Ich habe kaum noch Einfluss auf ihn. Die Erziehung war so gut wie gelaufen. Im Prinzip war er eine fertige Persönlichkeit. Ich konnte nur noch begleiten. Das Leben würde ihn ab jetzt schleifen. Ich durfte ihm nicht länger im Weg stehen und ihm auch keine Steine mehr aus demselben räumen. Er vertraute mir an, wie furchterregend er die Menschen in ihrem Erwachsenenleben erlebte. So unecht. So unaufrichtig. So leer und verbraucht. Vor allem die Lehrer zermürbten ihn. Und ich war innerlich froh, dass sein Vater ein feinfühliger Pädagoge geblieben war, auch wenn ihm sein stürmischer Sohn oft schwer zu schaffen machte.

Siehst du, Hanna, hier wird zum ersten Mal deutlicher, wie ähnlich pubertäre und wechseljährige Prozesse ausschauen: Abschied vom Gewohnten, vom Vertrauten, von dem Leben, das bisher zuverlässig verlässlich erschien. Und nun Furcht und Unsicherheit vor dem, was kommen soll. Das Küken pickt sich aus der elterlichen Schale und findet die Welt da draußen kalt und bedrohlich vor. Die Kükenmutter sieht die leere Eierschale und findet die Welt ohne Küken kühler und beängstigender. Beide müssen sich den neuen Bedingungen stellen und finden noch keinen Plan, der ihnen aufzeigt, wie und wo es jetzt langgeht.

In unserem Fall bewirkte die Nachricht von der lebensbedrohlichen Krankheit meines Vaters eine Beschleunigung der Erkenntnisse. Eine erste Bilanz wurde gezogen. Gerne hätte ich an diesem Punkt aufgehört zu denken und mir gewünscht, das Leben würde wieder ganz normal weiter gehen, Hanna. Als Kind dachte ich nach der Beichte immer: Jetzt hast du aber genug für deine Sünden gebüßt. Jetzt kannst du wieder über die Blumenwiese hüpfen. Das Leben aber hat seinen eigenen Plan und weiß, was wir brauchen, um zu reifen.

März 1996

Mit mir stimmt was nicht. Ich will mein eigenes Zimmer in der Villa bewohnen. Obwohl ich den Mann an meiner Seite liebe, will ich lieber in meinem Bett schlafen als in seinem. Ich werde immer trauriger. An manchen Tagen sogar frustriert und enttäuscht. Immer wieder falle ich in das Loch der enttäuschten Hoffnungen. Der Mann, mit dem ich mich doch bis vor kurzem noch gut verstand, fühlt sich immer mehr bedrängt, ja sogar bedroht von mir, sobald ich in sein Seelenleben vordringen möchte. Er bleibt mir viele Antworten schuldig. Dicke Schlösser um sein Herz. Was kann ich tun? Ich kann nicht in einer wirklichen Beziehung zu ihm leben, wenn ich mit meinen Fragen abgewiesen werde. Bei Fragen, die seine Emotionen betreffen, reagiert er manchmal wie ein verletztes Kind. Abwehrend. Sich verteidigend. Dem anderen die Schuld zuweisend. Ich erhalte keine Chance. Und er behauptet das Gleiche von mir. Seine stumme Vorwurfshaltung, die ich noch gut von seiner Mutter mir gegenüber kenne, bringt mich zur Raserei. Ich benutze dann Worte, die ihn treffen sollen. Genau das ist dann auch meine Absicht. Ich brauche irgendeine Reaktion von ihm. Sonst gehe ich vor die Hunde. Merkwürdigerweise kann er damit gelassen umgehen. Je mehr ich tobe und schreie, desto mehr kann er mich als wirr und völlig irre im Kopf einstufen. Damit trifft er mich. Was für ein elendes Spiel. Alle drei bis vier Monate gibt es diese Anfälle zwischen uns. Warum bin ich eigentlich zu ihm zurückgekommen?

Ich grenzte mich ab und wusste nicht einmal wovon. Symbiose gewaltsam zerbrochen. Wir konnten darüber einfach nicht reden, Hanna. Und selbst im Tagebuch nahm ich damals eine distanzierte Haltung ein, indem ich vom gewohnten »Du« zum »Der Mann« überging. Sprache zeigt sich zumeist unverhüllt und spiegelt das Unbewusste. Vor allem im Tagebuchschreiben fiel mir das auf. Was in mir trauerte, begriff ich selbst am allerwenigsten.

Ich schlief nachts nicht mehr durch. Meist wurde ich gegen zwei oder drei Uhr wach. Ein Karussell unerledigter Beziehungsakten geisterte mir durch den schalen Verstand. Ganz unvermittelt wurde mir dabei warm. Ich ließ die Füße aus dem Bett heraushängen. Lüftete unentwegt meine ohnehin leichte Decke. Mein Geist ließ mich nicht zur Ruhe kommen. Er wollte sich mitteilen. Alles erschien konfus und orientierungslos in meinem zermarterten Hirn. Im Zimmer meines Mannes standen leere Grappagläser. Der Fernseher lief heiß. Auch er schlief spät ein.

Nach zermürbenden Tagen und Nächten wurde es wieder besser. Unser Streitthema lag endlich offen zwischen uns. Mein Mann machte sich einfach nichts aus meinen engen Familienbeziehungen. Er brauche das nicht so wie ich. Mir fehlte aber genau jetzt die notwendige Nähe im Gespräch darüber. Ich fühlte mich so gottverlassen allein. Mir fehlte außerdem seine klare und deutliche Ausdrucksweise im emotionalen Bereich. Während er ein Weltmeister in der Sachargumentation war, schien er an manchen Tagen fast unfähig in dem für mich so wichtigen Bereich der Gefühle, und das sagte ich auch so. Es war doch einmal anders zwischen uns gewesen.

Er kam damals in mein Zimmer an einem hellen Morgen, nahm mich liebvoll in die Arme und meinte, dass ich ja zum Teil Recht hätte. Doch mir ging es gar nicht um Recht oder Unrecht. Was hätte mir das denn genützt? Mir wäre lieber gewesen, er hätte Erkenntnisse über sich und unsere unterschiedlichen Kommunikationsweisen gewonnen. Für ihn gab es immer nur ein Richtig oder Falsch. Für mich gab es ein Sowohl-als-auch und diverse Zwischentöne.

Du bemerkst, Hanna, die vieldiskutierte unterschiedliche Kommunikationsweise unter den Geschlechtern gab es natürlich auch bei uns. Darüber wird fachlich heftig diskutiert und mittlerweile sogar neurologisch geforscht. In der Tat hören Frauen eher auf dem Beziehungsohr oder auf dem Appellohr, wenn eine Information übermittelt wird: Es ist kein Bier mehr da! Entweder denkt die Frau: Oh, er hat heute aber einen schlechten Tag im Büro gehabt!, oder: Oh Schreck! Ich habe vergessen, sein Bier zu besorgen!, und fühlt sich gleichzeitig schuldig.

In meinem Fall ging es mir darum, dass meine (immer noch viel zu enge) Elternbindung eine Wirkung auf ihn ausüben sollte. Ich fand, auch mein Mann könne doch seinen Eltern wieder näherrücken. Ich hörte zudem vielerlei Dinge aus seinen Worten heraus, die er so nie gesagt hatte. Damals neigte ich sehr zum Interpretieren. Kein Wunder, dass ich schlaflos wurde. Es bedeutete, wacher zu werden. Wach und aufmerksam für meine zukünftigen Themen. Die anstehende Trauerarbeit, die sich einen ungewöhnlichen Weg bahnte, erkannte ich nicht als solche.

April 1996

Wir nähern uns wieder an. Innerlich bin ich weiterhin abgrundtief traurig. Finde einfach keine rechten Worte dafür. Hab eben nie gelernt, über Trauer zu reden. Mein Vater hält sich scheinbar tapfer. Meine Mutter schaltet und waltet, summt emsig wie eine Biene. Fleißig und unbeirrt sucht sie einen Arzt nach dem anderen auf, nur um zu hören, dass sich am Ergebnis nichts ändern wird: Prostatakrebs im letzten Stadium. Kein Jahr mehr, befürchten die Ärzte. Fast alle inneren Organe sind befallen. Selbst im Kopfbereich sitzen erste Metastasen. Wir sind zutiefst schockiert.

Die Ehe meiner Eltern ist wieder einmal auf dem Prüfstand. Unerledigte Beziehungsangelegenheiten auch bei ihnen. Ein Wechselbad von subtil vorgetragenen Vorwürfen seitens meiner Mutter und trüben Antwortblicken seitens meines Vaters. Dann wieder heftige Attacken meines Vater gegen meine Mutter, die sie scheinbar gottergeben erduldet.

Wir planten aus diesem Grund eine Familienreise. Meine Brüder, meine Eltern, mein Mann und ich fuhren gemeinsam in die alte Heimat meines Vaters. Wir wollten retten, was doch nicht mehr zu retten war. Die Fahrt verlief etwas schwierig. Ich sah ihre unterschwelligen Machtkämpfe nun deutlicher. Wo ich zu Anfang noch glaubte, dass sie sich die Chance geben würden, verzeihender und versöhnender miteinander umzugehen, da wurde jedes Wort untereinander mit Pech aufgewogen. Dieses Paar, aneinander gekettet durch Schuld und Sühne, bot mir plötzlich ein abschreckendes Bild. Ich bekam auf dieser Reise zum ersten Mal einen erwachseneren Blickwinkel!

Glücklicherweise kam ich meinen Brüdern näher. Wir füllten unentwegt unsere Erinnerungslücken mit Puzzleteilchen aus Kindertagen aus und saßen zusammen auf einem Bett bis weit nach Mitternacht. Bei alten Butterbroten vom Frühstück, die wir mit Genuss kauten. Das haben wir schon als Kinder gerne getan. Abends an alten Stullen knabbern, die unser Vater von seiner Arbeit wieder mitbrachte. Wir tranken diesmal roten Wein dazu und waren uns wieder so vertraut wie in früheren geschwisterlichen Zeiten. Wir begannen ganz unbewusst, unsere verbindenden Rituale mehr zu pflegen und nahmen uns später vor, sie auf jeden Fall beizubehalten.

Mein Mann bemühte sich ehrlich um eine bessere Kommunikation. Wir redeten zu Hause viel über das gefährliche Alter, das auf uns zukam. In einigen Jahren würde er fünfzig sein! Unsere Kinder gingen ihre Wege. Unser Sohn wollte eine zünftige, handwerkliche Lehre beginnen, Unsere Tochter sich ihr Leben als Filialleiterin einrichten, wobei sie innerlich stark auf Nestbau programmiert war. Eigentlich unmöglich. Der Freund steckte noch im Studium. Und ich verstand sie gut.

Ich bemerkte zu dem Zeitpunkt eine weitere Veränderung an mir. Wie aus heiterem Himmel wurde ich anlehnungsbedürftig. War ich doch bis vor kurzem noch stolz darauf gewesen, unabhängiger und innerlich freier geworden zu sein, so war ich nun sicherheitsliebender und dem Leben gegenüber sehr viel anspruchsloser geworden. Hatte sich etwa durch die Krebserkrankung meines Vaters mein Blickwinkel verändert? Ich denke schon. Die ganze Welt bestand für mich aus einem einzigen Chaos. Alles brach auseinander. Ehen. Familien. Freundschaften. Und immer stand im Mittelpunkt suchend der Mensch, der sich Hilfe ersehnte. So wie ich.

Ich will!

Anfang Mai 1996

Gestern machte ich einen Ärger-Test. Und siehe da. Die meisten negativen Punkte bekomme ich für Aggressionen. Das haut mich um. Für eine Frau bin ich wohl zu angriffslustig? Aber die Fragen und Antworten dazu sind auch zu blöde: Vor ihnen ist eine lange Schlange von Autos. Sie denken (Antwort A): Sicher kommt gleich eine Baustelle. Oder Sie denken (Antwort B): Da vorne ist bestimmt ein Trödler, der alle aufhält.

Ich denke A und bekomme einen Extrapunkt für Aggressivität. Wieso denn das? Ja, sind die denn total bekloppt, diese schwachsinnigen Psychologen? Allerdings, ich gebe es zu. Das ist schon ein Schwachpunkt bei mir. Ich glaube, alles sofort und auf der Stelle immer sehr direkt – manchmal auch etwas rabiat – angehen und erledigen zu müssen. Wenn etwas nicht auf Anhieb klappt, erregt mich das schon sehr. Manchmal sollte ich mir wirklich mehr Zeit lassen.

Wie viel Zeit bleibt meinem Vater? Der Frühling hält sich an den vorgesehenen Termin. Die Fliegen summen frech am Fenster. Die Katze steht miauend vor der Tür. Milde Luft beruhigt unser aller Gemüt. Das Leben turnt unermüdlich weiter.

Und ich registriere seinen ersten Verfall. Er wird hilfloser, kleiner, schwächer in seiner Statur. Sein dichtes Haar ist noch grauer geworden, sein ebenmäßiges Gesicht durch tiefe Linien um seinen Mund herum gezeichnet. Mein Herz wird ganz warm, wenn ich ihn beobachte. Und diese Regung übertrage ich auf meine eigene Familie. Ich erkenne, dass der Mann an meiner Seite der ist, den ich schon am längsten liebe und mit dem ich alt werden möchte. Seine Ecken und Kanten sind mir so vertraut, die will ich jetzt mal gelassener angehen.

Diese Einsicht hielt nicht lange vor, Hanna. Plötzlich vergaß ich die Pille. Wozu nehmen? Für die paar Male, die wir zusammenlagen? Aus einem mir unerklärlichen Grund zog ich mich wieder in mich selbst zurück. Spürte eine Verletzlichkeit, die ich schützen wollte. Es gab keine Erklärung. Das hatten »wir« öfter, dass ich keine Lust verspürte. Ein leiser Abschied berührte mein Herz.

Mein Mann kann ja ebenso verhüten, wenn er Lust auf mich hat, dachte ich, und das tat er auch. Seine Konsequenz war mir dann alles andere als recht. Ich hatte eine fixe Idee: Am liebsten hätte ich noch ein Kind! Ich wollte doch immer drei. Eine unbestimmte Sehnsuchtswelle überrollte mich. Ich war Mitte vierzig. Brauchte unbedingt was zum Lieben und Behüten. Wenn mein Vater starb, wollte ich ein Bündel Leben in meinen Armen halten. Ein wunderbares, frischgeborenes, milchschorfüberzogenes Babyköpfchen beherrschte meine Gedanken. Mir fiel halt nur Mutterschaft dazu ein.

In meinem Hormonhaushalt überstürzten sich die Ereignisse. Ich verführte meinen Mann von einem Tag auf den anderen, auf Teufel komm raus. Bisher hatte ich immer alles hingekriegt. Warum denn nicht auch dieses Mal? Meine wieder auftauchenden, selbstgefälligen Allmachtsanfälle begingen einen neuen Kardinalfehler. Ich glaubte immer noch, dass ich das Zepter des Lebens in meiner weiblichen Hand hielt und über meinen Körper selbst bestimmen könne. Es ist übrigens gar nicht so selten, dass Frauen, die kurz vor der Menopause stehen, den drängenden Wunsch verspüren, noch einmal schwanger zu werden. Manchmal klappt es. Manchmal nicht.

Mitte Mai 1996

Herzlichen Glückwunsch! Sie sind mitten drin! Haben sie denn nichts bemerkt?, begrüßt mich mein altvertrauter Gynäkologe, nachdem er den Hormonstatus ermittelt hat. Seit März menstruiere ich nicht mehr! Ich bin misstrauisch, denn schwanger kann ich weiß Gott nicht sein. Mein Mann hat ja nichts Besseres zu tun, als eifrig zu verhindern, dass ich es werde. Sie sind mitten in den Wechseljahren! Haben sie denn nichts Auffälliges an sich bemerkt? Ich bin platt. Wechseljahre? Ich? Was soll ich bitteschön bemerkt haben? Na, das Typische eben. Was bitteschön, ist das Typische?

Die Palette der Befindlichkeiten scheint unerschöpflich: Weinerlichkeit. Gereiztheit. Abgeschlagenheit. Müdigkeit. Lustlosigkeit. Depressionen. Wutanfälle. Schlaflosigkeit. Hitzewallungen. Stimmungsschwankungen.

Ich fasse es nicht. So sind Wechseljahre? Nicht bei mir. Ich war schon immer anders. So etwas bekomme ich nicht.

Höchstens die anderen. Wenn es ihnen schlecht geht, können sie Hormone von mir bekommen. Sie müssen sich nicht durch die Wechseljahre quälen! Nein! Danke! Ich rausche ab.

Zu Hause lasse ich mir nichts anmerken. Das halte ich so ungefähr zwei Stunden aus. Sieht man mir die an? umgurre ich meinen Mann. Was soll ich dir ansehen? Na, meine Wechseljahre! Er grinst breit und nimmt mich in seine bärenstarken Arme. Jetzt geht nix mehr und ich erschrecke heimlich.

Hanna, ich sage dir, das hat mich total umgehauen. Mehr als ich es je zugegeben hätte. Gerne hätte ich selbst bestimmt, wann ich nicht mehr fruchtbar sein will. Zwar hatte ich immer und überall behauptet, dass ich keine Kinder mehr will, aber das stimmte eigentlich nicht. Wieso besaß ich keine Macht über meinen Körper? Wieso tat er, was ich nicht wollte? Das ist ein überaus schrecklicher Zustand. Vergleichbar mit einer schweren Krankheit, die dich heimsucht und der du dich stellen musst. Vorbei ist es mit der Selbstbestimmung!

Ich sei eine Ausnahme von der Regel, sagte mir später der Arzt. Die wenigsten Frauen geraten mit einem Paukenschlag in die Menopause. Bei den meisten tröpfelt die Periode vor sich hin, bis die Quelle endgültig versiegt. Oder es stürmt ziemlich heftig im zyklischen Quartal, bevor sich der Ansturm allmählich legt. Auch Dauereinsätze sind nicht selten. Es gibt 1001 Möglichkeit, um in die Menopause zu kommen. Zu mir passte der Paukenschlag, das war ja klar.

Mein Mann wollte vorsichtshalber weiter verhüten, was mich wie rasend machte. Er traute meinen Wechseljahren nicht so recht über den Weg. Es kann nichts mehr passieren, verführte ich weiter und hoffte, dass sich der Fachmann irrt.

Schließlich sind Frauen auch während der Wechseljahre schwanger geworden. Doch der FSH-Wert (follikelstimulierendes Hormon) blieb stur und eindeutig. Nix geht mehr, sagte der Gott in Weiß. Obwohl sich Götter irren können und diverse Testergebnisse oftmals ungenau und deshalb anzuzweifeln sind, stand mein Ergebnis felsenfest. Daher mein ziehendes Sehnen. Ein Wechsel zum Neubeginn, zu welchem auch immer, bahnte sich wieder deutlich an. Eine Neuorientierung hielt wieder einmal Einzug. Seit dem Tag, an dem ich von der Krankheit meines Vaters erfuhr, befand ich mich unbewusst auf dem Weg zu mir selbst.

Heute weiß ich aus gesicherten Quellen, dass starke innerseelische Konflikte großen Einfluss auf das endokrine System haben und den Hormonhaushalt sowie das Immunsystem beeinflussen.

It´s the final Countdown … plärrte das Radio als Megahit und ich hätte ausrasten können. Meine Mutter nahm meine Tochter beiseite: Und wenn die Mama demnächst mal spinnt, dann sind das nur ihre Wechseljahre. Das musst du dann nicht so ernst nehmen. So wurde mütterliche Solidarität für mich buchstabiert.

Juni 1996

Gewitterwolken am ehelichen Horizont. Meine Stimmung ist ständig blitzgeladen. Jeder, der sich mir in den Weg stellt, wird auf der Stelle erschlagen. Jedenfalls verbal. Ich rede jeden platt und an die Wand, bin echt unausstehlich. Wechselweise gereizt und aggressiv. Wahlweise launisch und lustlos. Mit Vorliebe dem Gatten gegenüber. Der lässt sich diesbezüglich auch nicht gerade lumpen, kontert immer öfter cholerisch. Hormone dirigieren uns unbekannte Melodien, von denen wir keine einzige Note beherrschen.

Ich beschloss damals ziemlich eigenmächtig, dass mein Mann Erholung von mir brauchte. Er radelte sich daraufhin auch gehörig die Wadeln stramm, war froh, mir zu entkommen, während ich in dieser Zeit zum wiederholten Male versuchte, mein Geschäft über Wasser zu halten. Ich klammerte mich fest und unerschütterlich an das, was mich vermeintlich ausmachte. War dermaßen verhaftet, dass ich beharrlich ignorierte, wie die geschäftlichen Zeichen der Zeit schon seit geraumer Zeit auf Sturm standen. Ein letztes Mal wurde investiert. Meine Eltern standen mir zähneknirschend bei. Mein Mann auch. Kurz darauf dachte ich, dass uns ein gemeinsamer Urlaub doch gut tun würde. In all den Jahren zeigte sich verlässlich oft, dass unser Liebesbarometer in der Zweisamkeit stetig anstieg. Scheinbar mussten wir uns »nur« aus dem Alltag lösen, und schon zeigte sich das Paar, das wir ja auch noch waren.

Ich liebte am Abend die Wunden notdürftig zu, die ich am nächsten Tage gnadenlos wieder aufriss. Der hektische Alltag rieb uns immer mehr auf. Mein Mann konzentrierte sich vorwiegend auf seinen Beruf und seinen sportlichen Ausgleich. Ich konzentrierte mich auf meine Berufstätigkeit, die Kinder, die Ehe, die Freundschaften, meine eigene Fitness, mein Ehrenamt, meine netten Ablenkungen nebenbei. Es gab immer wieder Männer, die ausdauernd um mich herumkurvten. Mir genügte es zunächst, mich begehrt und umworben zu fühlen. Ich aalte mich in Bewunderungen, und so blieb mir natürlich wenig Zeit zum Nachdenken, und wenn ich dachte, dann flohen die Gedanken in tausend verschiedene Richtungen, nur nicht in meine.

Der Beruf meines Mannes schlauchte ihn enorm, und meiner raubte mir alle verfügbaren Nerven. Der graue Alltag fraß den bunten Tag immer mehr auf und wir verhielten uns wie die verschlungenen Kinder im Zeichen des Chronos: Unfähig, die Zeit einmal nur für uns anzuhalten. Unsere »Liebesbrut« schien mir plötzlich so erwachsen. Sie brauchten uns nicht mehr so sehr. Unsere Tochter lebte seit dem Abitur alleine. Und unser grüngefärbter Hahnenkamm-Sohn machte im Moment eine hormonelle Verschnaufpause. Keine Polizei, die ihn pöbelnd auf der Straße erwischte. Kein Nachbar, der wegen zu lauter Musik dieselbe auf uns hetzte. Alles könnte doch wie früher sein. Ich hatte Sehnsucht nach heiler Paaridylle. Zerschlug sie aber, sobald es auch nur danach roch. Ich war irgendwie gerne zänkisch und übellaunig. Wollte auch meine schlechten Seiten zeigen.

Mittlerweile hatte ich die Schnauze gestrichen voll vom ewig weiblichen Einfühlungsvermögen in alles und jeden. Vor allem, dass ich mich ständig in meinen Mann und in seine Stimmung hineinversetzen sollte. Versetzte er sich denn in meine? Wo blieb ich? Warum sollte ich immer die Familie zusammenhalten? Es war doch auch seine! Ich hatte außerdem die Nase voll vom ewigen Nettsein – Müssen, damit er mal freiwillig im Haushalt was tat. Er tat zwar einiges, wenn ich ganz lieb darum bat, aber wehe, ich kam mal unverhofft auf ihn zu.

Ich hatte auch genug von dem ewigen Fürsorgeprogramm, mich um das Wohl der anderen, primär um das Wohlergehen meines Mannes kümmern zu müssen. Plötzlich überkam mich das Gefühl, ein zusätzliches Kind am Bein zu haben. Aber so eines wollte ich nicht. Ich hatte echt keine Lust, einem erwachsenen Mann wie einem Kleinkind alle Bedürfnisse von den Augen abzulesen! In mir herrschte ein Drang,

Randale zu machen, genau wie unser Sohn es tat. Wollte auch mal lautstark »auf die Kacke hauen«.

Stattdessen schlug das Finanzamt zu. Steuernachzahlung. Aus der Traum von Griechenlands Inseln. Mein Mann wollte zu Freunden nach Holland radeln. Ich wollte ihn dort aber nicht, wie zuvor abgesprochen, abholen. Warum nicht? Weil ich nicht wollte. Einfach so! Basta! In mir tobten hormonelle Stürme. Ich nahm einen neuen Anlauf über eine altbekannte Hürde und erlaubte mir, neue Fehler zu machen. Und weil ich mein Heil woanders suchte, Hanna. Ich war wieder süchtig nach Worten. Worte, die mir das Blaue vom Himmel versprachen. Worte, die mich umnebelten und mir mein Hirn verschleierten. Alle Freundinnen hatten einen Liebhaber.

Juli 1996

Glühend erotische Gedanken versengen meinen Verstand. Verspätete sommerliche Gefühle überfallen mein abgekühltes Herz. Reißen meine Seelenhaut in Fetzen. Zerfleddert bleibe ich wankend stehen. Der Mann aus der Ferne entpuppt sich recht schnell als untauglich. Potent waren nur seine Worte. Auf Männer, die nur schön daherreden können, und sonst nix zustande bringen, auf die bin ich jetzt zum letzen Mal hereingefallen. Das schwöre ich!

Eine mir unbekannte Frau kreuzt klammheimlich deinen Weg. Ich ahne, ohne zu wissen. Stumm plane ich meine nächste Flucht. Ich weiß nun endlich, was ich will: Ich brauche unbedingt eine eigene Wohnung. Noch nie in meinem ganzen Leben bewohnte ich ein eigenes Reich. Vom Elternhaus ab in die frühe Ehe rächt sich eben jetzt. Ich will auf eigenen Beinen stehen. Ich will wirklich unabhängig sein. Ich will meine Freiheit wieder haben.

ICH und immer wieder ICH. In meinem Kopf drehte sich schwindelerregend mein ICH. Betäubt blieb einzig und allein meine Seele. An manchen Tagen verstand ich mich selbst nicht, Hanna. Wenn ich nicht schlafen konnte, verstand ich mich besser. Ich stand dann leise auf, weil eine unerklärliche Sehnsucht mich weckte, und suchte im blaugeblümten Karton nach alten Fotos. Ich schnitt meinen Vater aus einem unwichtigen Umfeld aus, klebte ihn an meinen Spiegel. Ich ahnte und wusste nichts. Hat er mich geliebt? Ich schrieb glühende Liebesbriefe an meinen Mann und benutzte Metaphern, die nur ich verstand. Ich ahnte und wusste nichts. Hat er mich wirklich geliebt? Ich verfasste Gedichte, um wenigstens etwas zu spüren. Schwarz und schwer trieften die Sätze.

Dunkle Dämonen krallten sich mein Herz.
Spielball in ihren feurigen Händen.
Tödliche Blicke aus Stahl.

Ich muss!

August 1996

Glitzernder Morgentau und früher Nebel. Spinnerter Altweibersommer. Ich weiß, dass ich gehe, und trotzdem ertrage ich es nicht, dass es wohl schon eine andere gibt. Ich gebe mich cool. Wir gehen fair miteinander um. Manche Freunde bewundern uns dafür. Sie bedauern das Ende unserer Liebe und können sich nicht wirklich vorstellen, dass es uns nicht mehr zusammen geben soll. Sie glauben an die Unsterblichkeit der Liebe.

Unsere Kinder verhalten sich neutral. Jedenfalls versuchen sie es. Mein Umzug kann Ende des Monats erfolgen. Solange soll ich noch bleiben. Als ich dir den Termin auf unserer wunderschönen Dachterrasse nenne, stelle ich mich neben mich, um mich zu kontrollieren. Ich habe sogar ein kleines Frühstück dort für uns serviert. Mit Prosecco und netten Häppchen garniere ich dir meine Vorstellungen: Ich will dich finanziell nicht länger belasten, sehe schon lange, dass dir meine Selbstständigkeit schlaflose Nächte bereitet. Du sollst dich befreit von mir fühlen. Ich komme für mich selber auf. Du hast leichte Tränen in den Augen, die mich nicht mehr rühren können. Sie kommen für mich zu spät.

Abgekoppelt von allen Gefühlen, die mich gehindert hätten zu gehen, zerschnitt ich sein Herz und nahm mir meine Hälfte wieder zurück. Ich musste gehen, Hanna! Es war ein unerklärlicher Ruf in mir, dem ich unbedingt folgen musste. Ich konnte einfach nichts dagegen tun, musste mir unbedingt treu bleiben. Glaubte trotz allem an ein gutes Ende.

September 1996

Im Herzen bald Herbst.
Die Seele aufgerüstet für den Winter.
Frühlingslieder summend.
Du wirst es erleben.

Ich will nicht viel mitnehmen. Nur das, woran mein Herz noch hängt. Ein paar antike Möbel. Ein paar antiquarische

Bücher. Bilder. Unsere Zimmer liegen weit auseinander in der Villa, die mir nicht mehr länger wichtig ist. Sie diente als Ersatz für das, was mir innerlich fehlte, und sie hat mich wunderbar abgelenkt für eine Weile. Abgelenkt vom Zentrum meines Wesens. Du willst sie auch nicht behalten und wirst sie bestimmt mit Kusshand los. Und immer, wenn wir uns im Wohnzimmer treffen, sagst du mir noch, wie schön du mich findest.

Mein Mann kam später als sonst nach Hause, und ich machte ihm eine heftige Szene. Warum nahm er keine Rücksicht auf mich? Rücksicht hatte er doch andauernd von mir und den Kindern verlangt. Er schaute mich eiskalt an, als ich ihn damit konfrontierte. Und ich kapierte. Was wollte ich denn überhaupt? Ich wollte, dass er auf mich wartete. Ich wollte, dass er mich weiter liebte. Ich wollte, dass er niemanden neben mir hatte. Ich wollte nicht ersetzt werden. Ich wollte nur ein bisschen alleine leben, damit ich wieder zu mir finden konnte. Ich will. Ich will. Ich will. Das schien mein einziges Vokabular zu sein.

Und wenn ich das heute lese, Hanna, dann erinnert es mich wieder an die in meiner Seele eingespeicherte Zeit, als ich nach sieben Jahren – eingepuffert zwischen meinen Eltern – einen kleinen Prinzen vor mein Näschen gesetzt bekam! Ich liebte meinen Bruder sehr, das schon, aber ich war plötzlich so unwichtig geworden durch seine Geburt. Rückte in der Liebesskala nach hinten.

Vielleicht fragst du dich auch gerade, warum ich plötzlich alles so sinnlos zerstörte? Das war mir lange selbst nicht klar. Ich probte einen Aufstand und hätte dringend jemanden gebraucht, der mir meine biografischen Zusammenhänge näher erklärt hätte. Ich traute mich wohl zum ersten Mal, ganz offen gegen Liebesentzug zu rebellieren, obwohl *ich* es ja war, die aufgehört hatte zu lieben. Natürlich meinte ich damit nicht meinen Mann. Es war eine Kinderwunde, die sich erst allmählich schließen sollte und von der ich noch berichten werde.

Nichts von meinen Gedanken teilte ich damals meinem Mann mit. Im Gegenteil. Ich wunderte mich, dass ich so fröhlich tat und war in Wahrheit wie narkotisiert. In der Nacht heulte ich mir die Augen aus dem Kopf. Alles tat weh. Ich hatte keine Schmetterlinge mehr in meinem Bauch. Ich zog dann schnell aus, um diesen Zustand nicht länger ertragen zu müssen. Wir trafen uns im knarrenden Treppenflur und umarmten uns intuitiv. Mein Mann hielt mich ganz fest. Wir weinten beide heiße Tränen. Der Boden wankte gefährlich. Warum taten wir uns das eigentlich an? Zu dem Zeitpunkt spürte ich, wie ein Erkenntnisblitz mich traf: Ich kann noch zurück! Ich muss nicht gehen! Alles kann gut werden, wenn ich mich jetzt ehrlich bekenne! Hier hätte der Film zurückgespult werden können. Und täglich grüßt dann die alte Murmeltiergeschichte …

Mein Mann drehte sich auf dem Treppenabsatz um. Radelte wie gewohnt auf und davon. Zu der anderen, die ihn tröstlich sicher umfing. Ich räumte indessen mit unserer Tochter den Möbelwagen voll, und sie sagte genervt: »Mama, das hast du doch so gewollt, jetzt hör endlich auf zu heulen!«

Die Möbel stapelten sich im Lager. Die neue Wohnung war noch lange nicht fertig. Egal. Ich wohnte wie gehabt im Büro. Und schon in der selben Mitternacht schluchzte ich den Anrufbeantworter voll. In dieser ersten einsamen und pechschwarzen Nacht skizzierte ich zum ersten Mal unsere Liebesgeschichte. Baute jede Menge Altäre. Entzündete tausend Opferkerzen. Verabschiedete mich feierlich windend von meiner jugendlichen Liebe. Zusammen erkämpften wir uns die Freiheit. Zusammen planten wir unser Glück. Zusammen gingen wir, Hand in Hand, durch so manches Krisenland. Zusammen schwammen wir gegen den elterlichen Strom. Krisen hatten uns immer gestärkt. Doch diesmal waren wir abgesoffen.

Sämtliche Brücken abgebrochen.

Alle Tore hermetisch verriegelt.

Die Seherin in den Turm verbannt.

Ich hatte hinter mir gelassen, was mir einst das Wertvollste im Leben war. Die Sache war entschieden. Es ging nicht mehr mit ihm. Jetzt musste es ohne ihn gehen. Ich wollte die sein, die ich bereit war zu werden. Tief in mir ist das Selbst angelegt. Es war mir abhanden gekommen. Nun drängte es nach Entfaltung. Da sein. So sein. Einfach sein.

September 1996

»Ich kann! Ich will! Ich muss!«, schreibt mir eine Freundin mit knallrotem Lippenstift auf meinen Spiegel, und meine Tochter ergänzt: »Und du wirst auch!« Ich weiß bloß nicht wie, weiß nur, ich habe einen irreparablen Schritt getan. Was ich damit angerichtet habe, war in der Tragweite nicht beabsichtigt. So endgültig soll es doch gar nicht sein. Schmerz lass endlich nach. Doch das tut er nicht. Schert sich einen Teufel darum, was ich überhaupt noch zu wollen wage. Was wollte ich um Himmels Willen eigentlich? Lieber Gott, erbarme dich meiner. Schmerzen im Herzen, so, als ob es gleich reißen wollte. Was rumort und bohrt so unaufhörlich in mir? Seelenwehen kommen in immer kürzeren Abständen. Ungelebtes Leben bahnt sich rücksichtslos seinen Weg. Ich werde unerbittlich gezwungen herauszufinden, was das Leben von mir

will. Es gibt kein Zurück mehr für mich. Die Miete läuft. Die Villa ist vergeben. Der Schnitt perfekt und sauber durchgeführt.

Am Tage wirkte ich gefestigt. Gelernt war eben gelernt. Weihnachten stand wieder einmal vor der Tür, und meine Arbeit lenkte mich wie gewohnt vom Kummer ab, gab depressiven Stimmungen nur wenig Raum. Nachts schlief ich erstaunlich gut. War schon um sechs Uhr in der Frühe putzmunter. Ich wurde zur Lerche, arbeitete, was das Zeug hielt und war erstaunlich erfolgreich dabei. Ich steckte nun meine gesamte Energie, meine gesammelte Konzentration und meine gebündelte Aufmerksamkeit in mein kleines Geschäft. So wird also Karriere gemacht, dachte ich erstaunt. Abgeschnitten von jeglichen störenden Gefühlen, abgekoppelt von sämtlichen Familienbanden und abgetrennt von quälenden Liebesangelegenheiten konnte Erfolg gelingen. Interessant. Das gelang sonst eher den Männern. Ich konnte das jetzt auch.

Abends kroch ich erleichtert in meine schützende Höhle. Ich las sämtliche populärwissenschaftlichen Beziehungsbücher, die es damals auf dem Markt gab, und natürlich allen erdenklichen Psychokram bis zum Erbrechen. Das eine sagte mir, dass der Stuhl, auf dem jemand Platz nehmen will, erst geräumt sein muss, bevor sich ein anderer darauf setzen kann. Im Klartext bedeutete es wohl, dass ich mit meiner Liebessehnsucht ganz zielgerichtet auf das losgesteuert bin, was ich nicht mehr bekommen konnte. So fiel meine Liebe ins Leere. Der Platz im Herzen meines Mannes war wieder besetzt. Ist mein Platz geräumt worden, weil ich ihn verlassen habe, oder weil sein Platz in meinem Herzen abgekühlt war? Wenn man unnötig an etwas festhält, was nicht mehr zu bekommen ist, vergrößert sich das Liebesleid.

Theoretisch wusste ich natürlich, was mit uns falsch lief. All die hilfreichen Trennungsbücher schärften mir zwar rasch den Blick, doch der verdammte Schmerz blieb, wo er war. Da stand dann weiter, dass man daran reift und wächst und besser gerüstet sei für das nächste Beziehungserlebnis. Damals wollte ich nichts mehr davon wissen, Hanna. Mich hatte die unsägliche Pein derart im Griff, dass ich am liebsten mit dem Kopf gegen die Wand gelaufen wäre, um nichts mehr spüren zu müssen.

Ein anderes Buch erzählte mir, dass die Trennungsphase so etwas wie eine wiederholte Adoleszenz sei. Es sei sogar äußerst erstrebenswert zu experimentieren, herauszufinden und zu prüfen … bevor man sich wieder ewig bindet. Mein Mann war fleißig dabei zu experimentieren. Und ich? Ich hatte plötzlich keine Lust dazu. Jetzt, wo ich mich nach Herzenslust hätte austoben können, war die Luft raus. Ich wollte mich nie mehr binden. Ich wollte auch nichts mehr ausprobieren. Hatte die Nase vom Rumstöbern in fremden Männerseelen gestrichen voll.

Stattdessen kroch ich ganz tief in mich hinein. Wünschte mir fast jede Nacht den früher so vertrauten Körper an meine verwaiste Seite. Doch wenn ich versuchte, mir dies real vorzustellen, sah ich nur ein hartes Gesicht, abweisende Augen, hörte eine kalte Stimme, die mir sagte: »Ich glaube, ich liebe sie und ich will eine Beziehung mit ihr!« Dann weinte meine einsame Kinderseele und ich spürte zum ersten Mal, dass es etwas mit dieser weit zurückliegenden Zeit zu tun haben musste.

Ich fühlte mich damals wie zerfetzt, Hanna. Zerrissen. Verzweifelt. Was war noch wahr? Was falsch gelaufen? Ich schrieb mir die Finger wund. Mein Tränentagebuch füllte sich unaufhörlich. Ich verfasste dämonische Gedichte und verfiel tieftrauriger Musik, die aus mir herauslockte, was an Restmüll in mir steckte. Alles schien meinen Geist zu reinigen.

Ich wurde trotzdem nicht verrückt und ich starb auch nicht an gebrochenem Herzen. Warum eigentlich nicht? Wieso hielt mein Herz so viel Schmerz aus? Ich litt leidenschaftlich. Gab mich fast genüsslich dem nächtlichen Schmerz hin. In meiner Not und meinem Kummer blieb ich auf wundersame Weise mit meinem Mann verbunden. Ich hatte das Glück gekannt, jetzt war die Kehrseite dran.

Freunde versuchten mich nach draußen zu locken. Es gelang ihnen nicht. Nur wenige Stunden tankte ich Leben. Ich wanderte allein durch den herbstlichen Blätterwald. Saugte wie besessen den vermoderten Laubgeruch in mich ein. Diese Jahreszeit passte zu mir. Ich welkte vor mich hin. Etwas in mir starb unaufhörlich ab. Meine Körperkraft ließ nach. Mein Atem wurde flacher. Ich wollte ganz bewusst allein mit mir bleiben. Niemand konnte mir jetzt Gutes tun. Ich war bereit zu sterben.

Ein erneuter Besuch beim bekannten Gynäkologen ergab keinen neuen Befund. Ich war immer noch in den Wechseljahren. Ein weiterer Tanz der Hormone stand mir bevor. Ich erzählte ihm von meiner Trennung: Wenn es ihnen schlechter geht ... Nein, Danke! Ich wusste, wo mein Problem lag, und versuchte es lieber mit Johanniskraut. Im Sommer nahm ich drei Monate künstliche Hormone ein. Weder wurde ich glücklicher noch zufriedener. Alles blieb wie es war.

Hitzewallungen kannte ich nicht im eigentlichen Sinne. Mir war halt nur oft warm im Bett. Meine Hitze fand keinen Abnehmer mehr. Ich hatte mir die Abstinenz ja selbst verordnet. Stimmungsschwankungen gehörten ohnehin zu mir wie

Sonne und Mond zum All. Kopfhaare fielen mir seit Monaten aus. Doch noch erfreute ich mich eines üppigen Haarwuchses. Meine Beine, ja gut, die musste ich mir seit längerem rasieren und ein leichter, heller Flaum war über meinen Lippen und am Kinn zu sehen. Aber nur wenn die Sonne darauf schien! Wenn das alles war, was zu den wechseljährigen Symptomen gehörte, damit konnte ich leben. Und sonst? Ich verspürte zu nichts Lust. Meine Libido versagte im Prinzip jedoch nicht. Ich wollte nur keinen anderen Mann. Aber ich hätte schon noch gerne, mit ihm, dem eigenen Mann …

Und das war mein ganz wunder Punkt, Hanna, der schon beim Denken höllisch brannte. Ich besaß keine einzige Wirkung mehr. Mein bisheriger Einfluss auf ihn und auf seinen Gefühlshaushalt schien endgültig erloschen. Eine bittere Zeit begann.

Wir trafen uns zum Essen. Er holte mich ab. Ich drapierte mich verführerisch im schwarzen Seidenhemd. Er guckte mich kaum an. Ich umarmte ihn und registriere, wie hölzern er da vor mir stand. Wir fuhren zum Restaurant. Ich plauderte unbefangen über dies und das und vor allem davon, wie ich mir unsere weitere Beziehung vorstellte. Wir könnten doch wieder die schönen Dinge miteinander teilen, den grauen Alltag wie gewohnt ausquartieren …? »Ich meine es ernst mit der anderen!«, unterbrach er mich. Wie von der Tarantel gestochen ließ ich die Gabel fallen. Konnte ab sofort keinen einzigen Bissen mehr hinunterkriegen. Auf der Stelle rannen heiße Tränen über mein kleiner werdendes Gesicht. Das konnte nicht sein! Er konnte doch nicht so schnell eine andere lieben! Liebe muss sich doch erst entwickeln! Liebe entsteht doch nicht einfach über Nacht!

Oder etwa doch?

Machtlos. Hilflos. Ausweglos. So fühlte sich das also an. Jetzt war ich dran. Jetzt musste ich aushalten, wie es sich anfühlt zu hören, dass man nicht mehr geliebt wird. Wie oft hatte ich ihm das aus lauter Verzweiflung angetan und mir dämmerte: Ich habe die Liebe zuerst verraten, fand mich aufgefordert, barfuss durch meine Hölle zu gehen. Im Auto schluchzte ich weiter. Er nahm stumm meine Hand. Mehr nicht. »Pass gut auf dich auf ...« sagte ich zum Abschied.

Mein Mann und eine andere Frau? Das konnte doch einfach nicht wahr sein. Er gehörte mir doch immer ganz allein. Keine andere durfte ihn haben, keine ihn je berühren und anfassen, geschweige denn ... Nein, es stellten sich keine Bilder ein. Was nicht sein darf, das konnte für mich auch nicht sein. Er war der Meine und ich war die Seine. Lieber sterben wir zusammen, als dass wir uns jemals voneinander trennen, wusste er das denn nicht mehr?

Ich war wie vernagelt, Hanna! Wollte einfach nicht begreifen, dass mir genau das zwischen den Händen zerrann, was ich zuvor so leichten Sinnes aufs Spiel gesetzt hatte.

Single werden ist nicht schwer

Oktober 1996

Bei genauerem Hinhören singen die Verlassenden und Verlassenen um mich herum ziemlich oft das alte Lied: Es geht nicht mehr mit ihm/ihr ..., aber auch nicht so recht ohne ihn/sie. Die meisten Männer, mit denen ich ehrenamtlich zu tun habe, flüchten sich nach eigenen Angaben ziemlich über-

stürzt in eine neue Liebelei. Eigentlich ist es ihnen ziemlich wurscht, wer da gerade in ihren Armen liegt. Wird es nicht die eine, so wird es mit Sicherheit die andere. Hauptsache, ihre männlichen Wunden werden aufmerksam und überhaupt von einem weiblichen Wesen geleckt. Sie wissen fast alle, was sie tun. Und tun es. Sie ertragen die Einsamkeit einfach nicht. Ist das Grund genug? Ich will auf diesen Grund schauen. Ich will endlich wissen!

Viele dieser Männer wechselten in Windeseile die Besatzung, aber sie saßen noch immer im selben Boot. Sie machten den gleichen Fehler ein zweites, und manchmal auch noch ein drittes Mal. Den meisten fehlte die notwendige Kraft, sich einer fälligen Zwischenbilanz zu unterziehen. Die neue Frau erschien meist auch nur eine begrenzte Zeit spannender als die, welche sie gerade verlassen hatten. Diese Aussagen verblüfften mich zunächst sehr. Denn manchmal gelingt mit einer neuen Partnerin doch endlich, was mit der alten nicht mehr möglich war. Warum, wollte ich wissen. Weil die Neue in den meisten Fällen irgendwann zu fordern begann. Sie wollte in der ersten Reihe der männlichen Liebesbewertung stehen. Wenn das nicht eintraf, wollte sie wenigstens endlose Gespräche darüber führen dürfen. Doch plötzlich schien da nicht mehr viel zu holen. Die abgelegte Frau, die verlassenen Kinder und das nicht abbezahlte Haus raubten so manchem Mann sämtliche Energien und standen ganz ungeplant an erster Stelle in seinem Hirn. Sex kann für eine geraume Weile retten, sagten mir einige Männer dann auch ganz unverblümt. Doch diese Aktion nutzte sich schneller ab als gedacht. Denn immer hockte da auch die Ex-Frau auf der Bettkante, wenn er mit der anderen in den Kissen lag. Und immer saß sie ihm im Nacken, wenn die andere fragte:

»Warum bekommt deine Frau überhaupt so viel Unterhalt von dir?«

Mich bestürzten diese Aussagen damals, Hanna. Nie und nimmer hätte ich aber gedacht, dass auch ich mich schon bald in ihre Reihen einfügen würde. Ausverkauf sämtlicher Gefühle. Im Sonderangebot wurde nichts mehr geboten. Es ging ums Ramschen und Feilschen im seelisch verarmten Hinterhof.

Die meisten betrogenen Frauen, mit denen ich ehrenamtlich arbeitete, berichteten mir, warum sie ganz schnell auf ganz stur schalten würden und warum sie sich insgeheim rächen wollten. Indem sie die vermeintlichen Fremdgänger finanziell zur Ader ließen, sollten die Ungetreuen ausbluten und dafür bezahlen, was sie ihnen früher nicht freiwillig an Gefühlen gegeben haben. Und eine andere sollte schon gar nicht bekommen, was eigentlich ihnen zugestanden hätte. Auge um Auge. Zahn um Zahn. Geld und Emotionen waren in solchen Stürmen nicht mehr so ohne weiteres voneinander zu trennen. Schon gar nicht, wenn es um verletzte Gefühle ging. Ich habe dann schnell feststellen können, dass es in diesem unwürdigen Spiel keine Schuldigen gab. In diesem Spiel gab es fast nur Verlierer. Die meisten Scheidungen wurden aus einer unbändigen Wut heraus betrieben. Selten gelang es Paaren, zusammenzubleiben und sich durch eine Beratung ihrer Ressourcen zu besinnen. Selten gingen Paare im Guten, durch Begleitung von Mediatoren auseinander.

Ich machte mir dazu viele Gedanken und litt schon am frühen Morgen unter seelischen Höllenqualen. Mein Magen rebellierte und beruhigte sich nicht mehr. Nahm kaum noch was Essbares zu mir. Ich lebte von grünem Tee und feinen Lindt Pralinen. Im Spiegel erkannte ich mich kaum wieder. Graue Fädchen in stumpfen Haaren. Tönung nutzte wenig.

Trostlose Augen. Verbitterte Linien um meine sonst so vollen Lippen. Mein Busen wurde immer weniger. Der Spruch einer Kabarettistin, die ich damals hörte, passte haargenau, wenn das so mit mir weitergehen würde: Irgendwann wird jede Brust katholisch, da sinkt sie unweigerlich auf die Knie! Na klasse!

Ich bekam einen Brief von meiner Tochter und las zwischen den Zeilen, dass der erste Rausch meines Mannes schon ein wenig vorüber zu sein schien. Ihm ginge es bei der Anderen gut, und seine Verletzungen könnte er da am ehesten vergessen. Und deshalb blieb er ihr treu. Erholung. Entspannung. Erregung. In fremden Gefilden, nach Heimat suchend. Das hielt ihn zunächst davon ab, kritischer zu werden und zu erkennen, was wirklich mit uns geschehen war. Der hormonelle Überschuss musste schließlich auch irgendwo hin.

Wenn es sich dabei nicht gerade um meinen Mann gehandelt hätte, wäre mein Verständnis wahrlich größer gewesen, Hanna. Aber es gelang nicht. Und ich war schließlich nicht im ehrenamtlichen Dienst, wo es darum ging, emphatisch mit den Betroffenen mitzugehen. Ich war eine gekränkte Frau. Verlassen und verlassen werden, ist für jeden Menschen ein großer Unterschied.

Mein Mann war kaum noch zu Hause und meist bis zum Morgengrauen weg, hörte ich vom Sohn. Er war inzwischen stocksauer auf ihn, dass er mich so schnell ersetzte. »Wer nach dir eine andere hat …«, tat mir zwar gut zu hören, aber ich wusste, dass es katastrophal ist, wenn Kinder in ein so unfaires Spiel hineingezogen werden.

Doch damit war der Startschuss für mich gegeben.

Zorn und Wut pulsierten nun zielgerichtet und zerstörerisch durch meine Adern. Erweckten mich eiskalt zu neuen Taten. Den Schmerz darunter musste ich dann nicht ganz so höllisch spüren. Was hat »SIE«, was ich nicht auch wieder für ihn gehabt hätte? Wie konnte er es wagen, mich zu ersetzen? Mich, die einzige, die ihn über alles liebte, die immer nur *ihn* wollte, ihn für Gespräche, ihn für die Liebe, ihn für die Kinder, ihn zum Anlehnen, zum Träumen, zum Ausruhen, einfach für alles, was ich niemals im Leben hatte. Erfüllung versprochen. Ewigkeit für immer.

War das etwa keine Liebe?

Ach Hanna, wie rührend kindlich und gleichzeitig unreif war das, was ich für Liebe hielt! Diese Gefühlswallungen gestattete ich mir nur klammheimlich, und auch nur in meinen Träumen. Am Tage sann ich weiterhin auf Rache. Ich schien zu fast allem fähig, was auch manch andere Frauen in solchen Situationen gerne tun. Skrupel stellten sich kaum bis gar nicht ein. Hemmungen auch nicht. Was damals an »Schlechtigkeit« aus mir herauskam, erschüttert mich heute noch, wo ich doch immer nur ein »gutes und anständiges« Mädchen gewesen bin. Niemals schlug ich als Jugendliche über die Stränge. Immer schön folgsam. Immer schön brav. Und vor allem, immer schön sittsam und tugendhaft keusch. Ich verachtete mich schon, wenn ich auch nur einen einzigen unziemlichen Gedankengang verfolgte. Bis zu diesen Tagen ahnte ich nicht, was in mir gärte und was an nie ausgelebten Gefühlen orkangewaltig aus mir herausbrechen sollte. Staudämme überfluteten meine gepeinigte Seele. Ich wollte alles und jeden mit ins Verderben reißen. Koste es, was es wolle. Meine Anwältin war Gott sei Dank schlauer als meine verletzenden Absichten. Ich glaube nicht, dass Sie sich wirklich scheiden lassen wollen, vermittelte sie mir bei einem letzten Gespräch und schickte mich statt vor Gericht zunächst zurück zu meinem Mann. Ich sollte ein klärendes Gespräch mit ihm führen. Wir hatten beide mächtig viel zu verlieren.

Nicht nur, was das Materielle betraf. Noch wartete ich. Gab mich wollüstig dem Elend hin.

Schließlich hatte ich viele Vorteile von der Opferrolle. Ich war vereint mit allen Betrogenen dieser großen weiten Welt. Ich wurde getragen von einem tiefen, kollektiven Mitgefühl, das ich so bitter nötig brauchte. Verheimlichte vor anderen tunlichst, dass ich selbst alles Erdenkliche getan hatte, um genau dahin zu gelangen, wo ich mich nun befand. Noch immer trug ich keine echte Verantwortung für mein Tun.

Goldenes Laub – Herbstgeruch auf der Haut

Im späten Oktober 1996

Männer joggen sich ihre müden Herzen aus dem entmännlichten Leib. Genervte Mütter zerren plärrende Kleinkinder hinter sich her. Es gibt mehr Hunde als Kinder. Ich sehe nichts. Starre nur wie gebannt in dein Gesicht und denke, du bist glücklich verliebt, Dreitagebart, weil sie den liebt? Grau und schmal bist du geworden. Geschmolzene Schokoladenaugen hinter trüben Milchglasscheiben. Wie ich auf dich wirke, registriere ich lieber nicht.

Mein Gewicht beträgt ungefähr 57 Kilogramm. Tendenz weiter fallend. Ich öffne allmählich mein Schleusentor. Nicht nur der See, den wir stundenlang umrunden, ist randvoll. Du nimmst keine Rücksicht mehr auf meine verletzten Gefühle. Redest dir deinen jahrelang aufgestauten Kummer, den ich dir mit dem ewigen Auf und Ab meiner unstet erscheinenden Liebe machte, wortreich von der Seele. Du öffnest dich wie nie zuvor, weil eine andere dein Herz besetzt, es dir weiter wohlig wärmt. So kannst du in Ruhe aussprechen, was dich lange schon bedrückt und ich höre hilflos staunend zu: »Ich habe Angst, dich wieder zu lieben. Ich will nie mehr so verletzt werden. Nie mehr verlassen und nie mehr so gedemütigt werden …«, sagst du am Ende des Spaziergangs unter triefenden Bäumen zu mir.

Dunkel war es, als mich die Erleuchtung traf. Stunden waren wie Sekunden verflogen. Ich fror jämmerlich und sah einen mir fremden Mann. War eigentümlich von ihm fasziniert. Meine scheinbare Stärke verließ mich wie ein streunender Hund. Der Damm brach. Ich konnte nichts stoppen, nichts aufhalten, nichts dagegen stemmen. Wo blieb meine Selbstbeherrschung? Wo meine Selbstkontrolle? Der Winter hatte mich schon fest im Griff. Glatteis im Herzen. Ausgerutscht. Verloren. Aus und vorbei.

Ich bereute zutiefst, meinem Mann so weh getan zu haben. Ich sah immer nur mich in meinem Kummer. Immer nur mich in meinem Schmerz. Immer nur mich in meinem Unverstandensein. Ich war wirklich nicht in der Lage, mehr als mein Leid zu fühlen. Warum hat er mir nicht sagen können, wie sehr er litt? Das hätte mich auf der Stelle weicher gemacht. Wieso gab er mir nicht diese Chance zur Veränderung? Wieso war er weggerannt? Wieso war es anderswo leichter gewesen zu reden?

Genau diese Fragen hätte ich mir natürlich ebenso stellen müssen – was ich zu einem späteren Zeitpunkt auch tat –, doch in diesem Moment spürte ich nur eine mächtige Welle, die mich umriss. Eine Flut, die ich selbst ausgelöst hatte. Mein Mann nahm mich mit nach Haus.

Noch bewohnte er die Villa. Er schickte mich ins Bad. Ich

tauchte ins heiße Wasser ein. Hier wollte ich sterben. Ich wickelte meinen abgemagerten Körper in ein weißes Tuch. Er sagte, ich solle noch bleiben. Eine innere Stimme riet ihm damals dazu, verriet er mir sehr viel später. Er bekochte und fütterte mich wie einen aus dem Nest gefallenen Vogel. Ich zitterte wie Espenlaub. Heulte weiter Rotz und Wasser. Lieber Gott, erbarme dich doch! Lass mich in Ruhe sterben!

Hanna, denkst du vielleicht gerade, ich sei völlig verrückt geworden? Im Wortsinn mag es sogar stimmen. Ver-rückt! Nicht mehr am selben Platz wie zuvor. Ja, das war ich allerdings. Verrückt auf einen gänzlich ungewohnten Platz für mich. An diesem Abend redeten wir viel und weinten. Weinten und schwiegen. Schwiegen und redeten. Bis wir irgendwann völlig erschöpft einschliefen. In der Nacht, halb im Schlaf, liebten wir uns. Doch es war gar keine Liebe da. Allenfalls Triebe oder Gewohnheit. Ich weinte leise dabei. Er küsste mich kein einziges Mal. Am nächsten Morgen wollte ich gehen. Es hatte keinen Zweck. Er liebte mich nicht mehr.

Keine Angst, Hanna, ich wollte ihm kein Messer in die Rippen rammen, wie ich es oft in meinen Wutgedanken formulierte. Diese Schlacht war verloren. Er hatte sich offensichtlich entschieden, mich nicht mehr zu lieben. Ordnung musste sein. Alles wieder unter Kontrolle bei ihm. Meine Kräfte reichten gerade noch für Minuten. Bleib noch bis Mittag, raunte er leise in mein Ohr. Warum? Und ich blieb.

Von da an sahen wir uns öfter. Ich kam zum Essen. Ich kam zum Baden. Ich besuchte unseren Sohn, der sich ganz offensichtlich darüber freute. Ich brachte gute Sachen mit, verwöhnte mit allem, was beide schon früher erfreute. Es ging uns ziemlich gut mit dieser Zwischenlösung, die gar keine war. Ich lud meinen Mann ganz mutig zu meinem geplanten Sylvesterurlaub ein. Er sagte zu. Ich triumphierte heimlich. Dann konnte die andere ja so wichtig nicht sein. Ich fand sowieso nichts Verräterisches in seinem Zimmer. Was ich nicht sah, war sowieso nicht da, obwohl das »Bäumchen wechsle dich-Spiel« längst in vollem Gange war. Ich »wollte« betrogen werden. Es gab keinen Ausweg. Jedenfalls keinen schnellen Ausstieg. Wir wussten nur, dass wir noch genug füreinander empfanden. Das bedeutete vielleicht eine Chance für einen Neuanfang. Doch wann? Ich konnte nicht ewig warten. Warten war überhaupt das Schlimmste für mich, Hanna.

Verpasste Gefühle. Vergessen. Nicht abgeholt. Keine Mama an meinem vergitterten Kinderbett. Ein einsames Kinderpantöffelchen verlor sich auf dem kalten Krankenhausflur ... ich schrie mir die Kehle wund. Niemand erbarmte sich meiner ... Krankenhausgeschichten aus den 50er Jahren sind fast alle so. Bei mir lösten sie Todesängste aus.

Als wir wie in früheren Zeiten zusammengerollt auf dem Sofa lagen, vertraute mein Mann mir an: »Ich stecke da noch ziemlich tief drin, hab mich mächtig eingelassen ...« Und ich jammerte empört auf. Unbändiger Schmerz erfasste mich: »Und warum hockst du dann hier bei mir?« Ich wurde wieder wie rasend. Wollte wieder wie gewohnt abhauen. Dieses unwürdige Spiel, nicht mit mir. Entweder sie oder ich. Er musste sich nicht entscheiden. Ich tat das schon selbst für mich. Ich hau endgültig ab, plante ich. »Schlafen tu ich nicht mehr mit ihr ...«, log er mich an. Er befand sich in der Zwickmühle und wollte noch keine von uns verlieren.

Heute würde ich von Anfang an aufmerksamer zuhören, Hanna, was es mit Sätzen wie diesen auf sich hat. Wer es nämlich schaffen würde, über den ersten brennenden Schmerz hinauszukommen und nicht für immer darin eingesponnen zu bleiben, der könnte etwas dabei gewinnen! Er würde dann bemerken können, dass der Partner oder die Partnerin eine Botschaft sendet, die auch dem Gegenüber gilt. Der Satz: »Ich stecke da ziemlich tief drin …« bedeutete im eigentlichen Sinne, dass sich ein Mann eben nicht nur auf das erotische Pferd geschwungen hat, sondern dass er den Menschen als Ganzes unter seiner Verantwortung sieht. Und das wiederum bedeutet, dass er nicht oberflächlich ist, wie sein Handeln nach außen vielleicht wirken mag, sondern dass er es sich nirgendwo einfach macht.

In unserem Fall weder bei ihr noch bei mir. Später fragte ich zögerlich: »Sollen wir zu einer Beratungsstelle gehen?« Er willigte sofort ein. Der Termin war erst im Januar. Mir ging es aber immer schlechter. Stündlich nahm ich ab. Der Kummer zehrte wie ein verfressener Bandwurm an mir und raubte mir meine letzte Schönheit. Ich lief seiner Liebe hinterher, wurde atemlos dabei. Mein Herz tickte auch nicht richtig. Rhythmusstörungen. Atemnot. Herzrasen und Stolpern. Mich erfasste eine unerklärbare Angst. Ich wollte raus. Wollte mich der Angst stellen. Tiefe Urängste kamen in mir auf, ausgelöst durch die Trennung, die ich doch selbst herbeigeführt hatte. Ich war verlassen ohne seine Liebe. Doch welche Liebe meinte ich eigentlich? Und warum brauchte ich sie so sehr? Diese Angst lähmte mich und ließ mich fixiert auf seine Entscheidung starren. Wenn ich mich jetzt zerstören lasse, dann bin ich mir selbst nichts wert, spürte ich tief resigniert.

Eine Freundin von mir konnte das nicht mehr mit ansehen und schleppte mich zu einem Freund. Der war Psychologe. Ich mochte ihn auf Anhieb. Er hatte braune Augen. So wie mein Mann. Und er deckte meine erste Angstattacke auf, die mich sogar im Auto überfiel: vereinsamtes Kind im kalten Elternbett. Lautlos flehend. Auf Liebe wartend. Alles an Liebe verschenkt. Alles davon schön säuberlich zurückbekommen. Damals war ich noch keine drei.

Und während ich mich wie ein Kind anvertraute, belog mich mein Mann weiter. Er hatte aus seiner Sicht womöglich Recht. Ich wäre damals nicht geblieben. Gefühle lassen sich nicht an- und ausknipsen wie ein Lichtschalter. Ultimatum zwecklos. Ich hätte ihm länger fern bleiben sollen, aber ich hatte Angst, ihn für immer verloren zu haben.

Nach einigen Wochen durfte ich seine neue Wohnung besichtigen, ihn ein wenig innenarchitektonisch beraten, was mich wunderte, denn er managte das bisschen Haushalt ohne mich, mit allem Drum und Dran ganz gut. Was er plötzlich alles so konnte. Mein Mann sorgte auch gut für sich und für unseren Sohn. Das Miteinanderleben ohne mein ständiges Eingreifen hatte sie einander erheblich näher gebracht. Sie schlugen sich nicht die Schädel ein, wie ich es befürchtet hatte. Im Gegenteil. Die Regale bogen sich unter Vorräten. Es wurde gekocht, geputzt, gewaschen. Und das alles, ohne irgendeine weibliche Hand. Nur mein Einrichtungsgeschick fehlte, versicherten sie mir treuherzig. In diesem Bereich ließ mich mein Mann wie gewohnt schalten und walten, und es sah ganz danach aus, als ob ich des öfteren zu Gast sein sollte. Meine eigene Wohnung sollte in einigen Tagen bezugsfertig sein. Alles dauerte länger als vorgesehen.

Wir trafen uns auswärts zum Essen. Mein Mann fuhr mit einem neuen Auto vor. Ich scherzte halb und meinte es ganz ernst: »Neues Auto, neue Wohnung, neue Freundin? … Was willst du eigentlich mit mir?« Ich bekam einfach nicht heraus, ob das mit der Freundin noch stimmte. Zu Spionieren lag mir fern, weil dann Konsequenzen hätten gezogen werden müssen, vor denen wir beide noch Angst hatten. Die Zeit war immer noch nicht reif für eine Entscheidung. Der Abend war viel zu früh vorüber. Diesmal wollte er mich nicht mit nach Hause nehmen und ich wollte mal an nichts Böses denken. Während er sich auf dem Heimweg befand, telefonierte ich mit meinem Vater.

Es war äußerst selten, das man ihn erwischte. Meine Mutter war gewöhnlich das Sprachrohr der Familie, folglich wusste sie über seine Krankheit besser Bescheid als er selbst. Sie turnte an diesem Abend mit ihrer Frauengruppe, und so musste er notgedrungen ans Telefon. Wir redeten angeregt miteinander, was mir gut tat. Schon seit langem hatten wir einen guten Draht zueinander. Und irgendwann stritten wir uns. Das konnten wir beide ganz besonders gut. Streiten und sich wieder vertragen. Das kannte ich schon aus Kindertagen. Das ging auch nur mit ihm so gut. Verbaler Schlagabtausch. Nähe durch Worte. Wir drangen mit Worten in die Seele des anderen ein. Noch ahnte ich keine Zusammenhänge.

Am Ende des Gesprächs rief mein Vater: »Hast du denn gar keinen Stolz? Der trifft sich doch heimlich mit der anderen!« Ich glaubte ihm nicht. Ich wollte ihm nicht glauben. Die Krankheit hatte ihn wohl doch nicht milder gemacht. Er meinte immer noch, alle Männer wären so, wie er früher war. Ich vollzog durch seine Sichtweise einen unfreiwilligen Positionswechsel.

Nach dem Telefonat wollte ich mir in Ruhe ein Glas Sekt eingießen und darüber nachdenken. Die Flasche stand schon seit Tagen im Kühlschrank. Ich trank kaum noch Alkohol. Ich öffnete die Flasche, zuppelte am Goldpapier herum und versuchte den Draht abzudrehen. Und konnte plötzlich nichts sehen. Lieber Himmel. Ich konnte wahrhaftig nichts mehr sehen! Mein linkes Auge. Wo war es? Ich rannte in

Panik ins Bad und suchte mein Auge. Es war noch da. Und doch wieder nicht. Kein Blut. Keine Schwellung. Aber auch kein Auge, aus dem ich sehen konnte. Voller Angst rief ich intuitiv zu Hause an. Der Sohn war da. Sein Vater nicht. Dabei war er schon seit Stunden von mir weg. Ich ahnte, und wollte nicht wirklich wissen. Blinde Kuh, ich führe dich … Wohin denn?

Der Sohn rief unseren Hausarzt an, wozu ich nicht fähig war. Dann rief der Sohn zurück: »Mama, keine Panik. Ein Auge geht nicht so schnell verloren. Ruf den Krankenwagen. Ich sag dem Papa Bescheid, wenn er kommt.« Ich sackte zusammen. Alles verloren. Aus und vorbei. Eine üble Ahnung schwappte in mir hoch. Der Krankenwagen kam. Ab in die Ambulanz. Danach mit einem Taxi zum Augennotarzt. Der war genervt und recht unfreundlich, weil ich wie ein Kleinkind vor Angst schlotterte. Alles halb so wild. Es sieht schlimmer aus, als es ist, erklärte er kühl. Blöder Kerl! Was wusste er denn von meiner kindlichen Angst, die mich sofort überfiel, wenn ich Ärzte auch nur roch? Wieder zurück. Das Telefon klingelte. Es ging schon auf Mitternacht zu. Mein Mann fragte, ob er kommen solle, obwohl er bei einem Freund schon Wein getrunken hatte. Ich glaubte kein Wort und flüsterte: »Ja, wenn du willst …« Eine halbe Stunde später war er da und erschrak. So schrecklich sah ich also aus? Erneut nahm er mich unter seine Fittiche. Ich vertraute mich ihm nun blindlings an. Was blieb mir auch anderes übrig? Ich blieb für die nächsten drei Tage und Nächte. Wir redeten nur wenig. Sprache konnte nichts mehr heilen. Jetzt heilten nur noch Taten. Jetzt zählte nur die Stimmung, die zwischen uns herrschte.

Bereitwillig stieg ich an diesem Unglückstag in meinen Lebensfluss, ließ mich ziellos treiben, ergab mich der starken

Strömung. Schwamm nicht mehr dagegen an. Kämpfte um rein gar nichts mehr. Hatte sowieso zu nichts mehr die nötige Kraft. Zum ersten Mal in meinem erwachsenen Leben, wurde ich mir einer totalen Hilflosigkeit bewusst, Hanna. War diesem Zustand schonungslos ausgeliefert. Gefühle ließen sich nicht mehr in die Knie zwingen. Das Schicksal schon gar nicht. Ein längst vergessenes Trauma überrollte mich. Legte jede einzelne Körperzelle in mir lahm. In diesem Ausnahmezustand löste sich etwas ganz leise auf. Ein Gerinnsel aus längst vergangenen Kinderzeiten sorgte für einen ganz bestimmten Seelenverschluss. Ich versuchte, mich zu erinnern:

Die erste »Mutter« in meinem ganz frühen Leben war mein Großvater. Er trug mich zärtlich durch mein unruhiges zweijähriges Kinderleben. Ich wurde geliebt. Musste ihn ganz unerwartet und ohne Abschied nehmen zu können verlassen.

Meine Mutter präsentierte mir nur zehn Stunden später einen bis dahin unbekannten Mann, der mein Vater war. Dort, an einem für mich völlig fremden Ort, wurde ich geliebt, wenn ich reibungslos funktionierte, mich mucksmäuschenstill und fast unauffällig verhielt.

Ziemlich schwer für ein überaus lebensfrohes zweijähriges Mädchen wie mich. In den ersten Kinderjahren, wo es um Vertrauensbildung und Sicherheit geht, erlebte ich viele schmerzliche Abschiede, Hanna. Nichts schien mir fortan zuverlässig zu bleiben. Trennung vom Großvater. Trennung durch Krankenhausaufenthalte. Trennung von der Mutter, die in Nachbarhäusern putzen ging. Für Kinder dehnen sich Minuten zu Stunden, Stunden zu Tagen. Ich wurde Nähe suchend und gleichzeitig Grenzen ertastend.

War ich allein mit mir, beschäftigte ich mich mit inneren Bildern, um die Angst nicht mehr zu spüren. Ich gab mir selbst Erklärungen, warum ich so allein war: »Ich bin schon groß! Die Mama sagt, ich bin ein vernünftiges Mädchen, und ich darf ihr keinen Kummer machen!« Als Kind wagte ich niemals, Bedingungen und Erwartungen anderer nicht zu erfüllen. Noch als heranwachsendes Mädchen trotzte ich mir dieses Bravsein ab.

Die Leistungstochter entwickelte sich allmählich zur puren Trotztochter. Mein Vater schliff mich in der Pubertät unerbittlich zurecht. Unter männlichen Strukturen aufzuwachsen war nicht besonders angenehm, aber, im Nachhinein betrachtet, sehr lehrreich für mich. Immer suchte ich seine Nähe. Durch seine mitternächtliche Diskutierfreudigkeit fühlte ich mich ihm recht bald ebenbürtig und aufgewertet und rückte somit auf den Platz meiner Mutter vor. Bei ihm übte ich, Grenzen zu überschreiten.

Es gab also zwei männliche Liebesmodelle für mich. Welchem wollte ich folgen? Zwischen acht und zehn Jahren prägt sich für Mädchen ein festes und bestimmtes Bild von Männern. So wie der Vater oder der Onkel, so wie der Großvater oder der Lehrer sich verhält, so wollen wir Mädchen den Mann sehen. Wir suchen deshalb eher unbewusst als bewusst unsere späteren Partner aus.

Als junges Mädchen gelang mir ein erster Durchbruch. Der erste Geliebte in meinem Leben liebte mich zärtlich und bedingungslos. Er war wie ich auf der Suche nach Nähe. Aber auch ordnend. Für mich Sicherheit pur. Er liebte mich wie mein Großvater. Ich hatte wieder gefunden, was ich so schmerzlich vermisste. Trotzdem suchte ich bei ihm nach meinem Vater. Er sollte mit mir reden. Und zwar viel und ausdauernd. Was er auch gerne tat.

Später, als seine Ehefrau, glaubte ich, Bedingungen erfüllen zu müssen. Ich schlüpfte in Rollen, die ich glaubte spielen zu müssen. Als ich dann in der Mitte meines Lebens nicht mehr bereit dazu war, verließ ich den Liebsten. Distanz statt Nähe. Abgrenzung statt Symbiose. Ausbruch aus längst verfallenem Gemäuer. Der Liebste wendete sich von mir ab, und einer anderen zu. Nähesuchend. Kompensierend. Seine bis dahin unerschütterliche Liebe zu mir verloren zu haben, brachte mich an den Ort einer uralten Verwundung zurück. Geliebt um meiner selbst willen ist eine Ursehnsucht in mir geblieben, die es noch zu stillen galt. Wer oder was war ich eigentlich, wenn ich die Liebe verlor?

Mein Unterbewusstsein regte sich. Alle Energien waren abgezogen. Verschollene Gefühlspakete und aufgetautes Leiden überschwemmten mich. Und noch etwas anderes tauchte auf, Hanna. Eine leise Ahnung von den eigenen Regeln des Schicksals. Das Leben scherte sich nämlich einen Teufel darum, was ich glaubte, erhalten zu müssen. Ich hatte mich dem Flusslauf anzupassen und daraus zu lernen. Lange genug hatte ich versucht, selbstherrlich zu begradigen oder zu verengen, hatte geweitet oder umgeleitet. Das Spiel war endgültig aus. Und ich hatte eine Ahnung.

Die Zeit mit der anderen war fast vorüber.

Niemand zum trösten da

Anfang November 1996

Meine Wohnung soll von mir bezogen werden. Ich weine am Abend zuvor heftig in deinen Armen. Soviel geweint wie in den letzten zwei Monaten habe ich seit meiner Kindheit nicht mehr. Als Kind, ohne meinen Opa, auch nicht. Hat mir wenig genützt. War niemand mehr zum Trösten da. Vereinsamt im kalten Elternbett … Du hingegen tröstest: »Schau, es sind doch nur zwei getrennte Wohnungen, wir sind doch wieder fest zusammen.«

Am nächsten Morgen fahre ich bei Rot über die Ampel. Kurz vor meinem Geschäft habe ich wieder diese Blitze in meinem linken Auge. Ein Gefahrenzeichen für eine Netzhautablösung. Ich denke einen Moment zu viel darüber nach. Die Fahrertür quietscht. Ich habe den Pfosten gerammt. Mein neues Auto. Mein nagelneues Auto, das mir mein Vater großzügig spendierte, habe ich fast zu Schrott gefahren. Ich öffne die Tür zum Geschäft, um dich anzurufen. Da klingelst du mir schon besorgt entgegen: Bist du gut angekommen? Eine halbe Stunde später stehst du vor der Tür, fragst mich, während du mich eng an dich presst, ob du mir nicht doch beim Umzug helfen sollst. Nein und nochmal nein. Meine Freunde sind da. Ich will das alleine machen. Es wird ein endgültiger Schnitt. Leider kommt keine Freude auf, weil ich mir jetzt keine eigene Wohnung mehr ersehne.

Der Einzug wurde trotz allem zur symbolischen Handlung, auf die ich seit meiner Jugend gewartet hatte. Dem neuen ICH eine sichtbare Behausung geben. Ich hatte etwas Unvollendetes zu Ende zu bringen. Das kostete mich ungeheure Kraft. Ohne zu überlegen, lehnte ich deshalb die Hilfe meines Mannes ab, weil es nicht das Gleiche für mich gewesen wäre, wenn er geblieben wäre. Das hat er ja immer getan. Mir hilfreich zur Seite sein. Dieser seelische Kraftakt wollte von mir alleine geleistet werden. Und mit jedem einzelnen Möbelstück, das die schmale Treppe hochtransportiert wurde, bekam ich immer mehr das Gefühl, das einzig Richtige zu tun. Am späten Abend war das winzige Domizil fertig eingeräumt. Mein Mann stand mit Sekt und einem Sonntagmorgenfrühstück vor meiner Tür. Die erste Nacht in meiner Wohnung war wie ein lang gehegter Traum. Außergewöhnlich schön und sehr schmerzhaft zugleich. Er gehörte wieder zu mir. Aber mir nie mehr allein. Es schien so, als küsste er anders, als liebte er anders. »Sie« schien ihm schon sehr vertraut gewesen zu sein … Mir stockte für Sekunden die Lust. Alles war so neu und furchtbar zerbrechlich. Alles war so vertraut und wunderbar fremd.

Marmor, Stein und Eisen bricht

Mitte November 1996

Drei Tage später rufst du mich an und verkündest, dass die Beziehung zur anderen beendet sei. Dann geht es dir bestimmt nicht gut? Ich fühle mich wie eingeübt in deine männliche Seele hinein. Du willst möglichst niemandem weh tun. Und wähltest die Distanz des Telefons, um das einstmals tröstende Auffangbecken der Geliebten klammheimlich zu verlassen. Du probtest einen sanften Ausstieg.

Ob ich nicht kommen kann, bittest du mich. Es tut mir Leid, dich zu enttäuschen, doch meine krisenerprobten Freundinnen stehen schon vor der Tür, um mit mir die Wohnung zu feiern. Was ich geschafft habe, würden sie auch gern schaffen, doch ihnen fehlt der Mut dazu. Ermutigen würde ich sie dazu auch nicht mehr. Was für mich richtig erscheinen mag, kann für sie gänzlich falsch sein.

Zum ersten Mal behielt ich einen klaren Kopf, Hanna. Freundinnen sind mir ungemein wichtig geworden, seit ich auch meinen Kummer und mein Leid mit ihnen teilen durfte. Sie jetzt für einen Mann – auch wenn es der eigene war – vor der Tür stehen zu lassen, wäre Verrat und Treulosigkeit gewesen. Noch kam kein Glücksgefühl über mich als ich kapierte, dass er nun wirklich frei für mich war. Ich befand mich in einem Auftauprozess.

Nach diesem Besuch meiner Freundinnen kramte ich mein Tagebuch hervor, entzündete neue Kerzen, knipste die kleine Lampe am Schreibtisch an, drehte die Musik leiser. Ich brauchte sehr viel Wärme und Gemütlichkeit um mich herum, obwohl das nur ein beschränkter Ersatz dafür sein konnte, nicht bei meinem Mann zu sein. Meine Angst, ihn wieder zu verlieren, war immer noch sehr groß. Verlustängste merkt sich die Seele, sie arbeitet zuverlässig und präzise, ganz ohne unser Wissen.

Meine Gedanken wandern gerade zum zweiten Gespräch mit dem Therapeuten, von dem ich dir erzählen möchte. Er deutete mir, ich sei ein Kopfmensch, was Trauer und Schmerz anginge, ständig würde ich mit dem Verstand arbeiten und analysieren, um unbegreifbare Dinge zu begreifen. Oft sei das ein wirksamer Schutz, um bedrohliche Ereignisse auszuhalten. Als Kind sei das aber eine permanente Überforderung für mich gewesen. Ich erzählte ihm schon in den ersten Sitzungen meine schlimmsten Qualen, an die ich mich wieder genau erinnern konnte: Mit fünf komme ich ins Krankenhaus. Sie reißen mich ohne Vorwarnung aus dem Bett, schleppen mich über den kalten Flur. Ich schreie wie am Spieß vor lauter Angst. Hilflos. Sie umklammern meinen schmächtigen Körper. Ich strampele wie wild mit den Beinen. Sie zurren mich mit eisernem Griff fest. Bewegungsunfähig. Ausweglos. Sie schieben eine eiskalte Klammer in meinen Mund, ziehen die Spritze auf. Ich schreie verzweifelt, sprachlos. Niemand tröstet mich anschließend im blutverschmierten Gitterbett. Niemand nimmt mich in den Arm. Das Weinen tut mir im Hals so weh. Aus und vorbei. Vielleicht haben andere Kinder ähnliche Erfahrungen besser verarbeitet? Und ich begriff schnell: Schreien, Weinen und Toben haben nichts genützt. Ich wurde ausgeschimpft, fand kein Verständnis bei den Erwachsenen um mich herum. Niemand begriff, wie sehr ich darunter litt, keine Mama an meinem Bett sitzen zu haben. Niemand erkannte, wie sehr ich mich danach verzehrte, die Schritte ihrer Stöckelschuhe auf dem Fliesenboden zu hören. Ich lernte also, fröhlich zu sein. Vor allem für andere. Wer sich früh anpasst, überlebt irgendwie.

Ein Jahr später befand ich mich wieder in diesem elendigen Krankenhaus. Ein Unfall bescherte mir drei Monate Aufenthalt. Drei Monate des unerträglichen Wartens, der ständigen Angst vor dem Morgen, der Furcht vor neuen Schmerzen, der aufsteigenden Panik vor dem Verlassenwerden. Wieder durfte niemand an mein Bett. Mama auch nicht. Ich durfte ihr nie erzählen, worunter ich litt. Sie war mit meinem Bruder schwanger, und ich durfte sie jetzt nicht auch noch traurig machen. Sie konnte ja nichts dafür, dass es mir so schlecht ging. Für sie wollte ich ein fröhliches Gesicht machen und zeigte ihr lachend meine selbst gezogenen Milchzähnchen …

Und deshalb wurde ich innerlich wieder so klein, Hanna. Ich musste durch diesen verdrängten Schmerz noch einmal hindurchgehen, um endlich innerlich wachsen zu können. Diesmal half mir kein Verstehen, kein Begreifen der Situation. Es hätte dem notwendigen inneren Wachstumsprozess eher geschadet. Ich musste noch einmal nachfühlen dürfen, wie hilflos sich ein Kind fühlt. Erst danach konnte das Erlebnis analytisch verarbeitet werden. Meinen ausweglosen Gefühlen, dem Ausgeliefertsein, all dem begegnete ich erneut, als mein Mann an einer anderen Frau festhielt. Der Ursprung entstammte aber dem Ort meiner frühkindlichen Situation. Damals wusste ich wirklich nicht, wie es mit meinem Mann und mir weitergehen würde, ich wusste nur, dass ab jetzt alles für immer ungewiss bleiben würde. Gewiss war mir die Unsicherheit des nächsten Tages. Erstaunlicherweise ging es mir nicht schlechter, ich spürte sogar ein unbestimmtes Gefühl, das sich wie Hoffnung anfühlte. Ich schrieb ein paar Sätze nur an mich in dieses Tagebuch: »Bleib dir selbst treu! Wenn du aufrichtig zu lieben lernst, ohne sofort etwas zurückzuerwarten, können kleine Wunder geschehen. Manchmal öffnen sich die Herzen für die richtigen Menschen zur richtigen Zeit. Manchmal trifft man die richtige Entscheidung am richtigen Tag … Pass auf dich auf, verliere nicht den Mut, und höre auf die Stimme deines Herzens, die Regung deiner Seele. Zu oft wurden sie von deinem Verstand zu Tode geschwiegen.«

Ich goss mir ein Glas Rotwein ein, packte die letzten Kisten aus, räumte die Schränke ein und stellte verblüfft fest, dass ich immer noch genug Geschirr besaß, um eine Großfamilie zu versorgen. Es war zunächst nicht einfach, mich von der Vorstellung zu lösen, ab jetzt allein und nicht mehr im Schutz meiner Familie zu leben. Doch ich spürte genau: Neue Zeiten brachen an. Ich erhielt die wunderbare Gelegenheit, ganz zurück zu mir zu finden. Ich fühlte mich, trotz aller mir widrig erscheinenden äußeren Umstände, ziemlich wohl in der verwinkelten, schrägen Wohnung. Ich war natürlich froh, die vertrauten Möbel um mich herum zu haben. Ich klebte Fotos von meinem Mann und den Kindern an meinen erblindeten

Kommodenspiegel, brauchte ihre geliebten Gesichter um mich herum.

Nein, Hanna, in mir wohnte wahrlich keine Angst vor dem Alleinsein. Das war ich gewohnt. Damit konnte ich umgehen. Ich wusste, ich konnte mich bestens auf mich verlassen, wusste weiterhin, dass ich schon so manche unangenehme Situation gemeistert und bewältigt hatte. Und um Hilfe zu bitten, hatte ich inzwischen auch gelernt. Etwas anderes tauchte auf. Ich erkannte mich zum ersten Mal selbst und stellte höchst erstaunt fest, dass ich nach außen zwar überall stark und sicher auftrat, doch tief in meinem verwinkelten Innenleben schlummerte ein kleines, anlehnungsbedürftiges, und verschüchtertes Kind, das nun endlich gesehen werden wollte.

Diese Seite an mir hatte ich erfolgreich verdrängt. Ich entsprach zwar äußerlich dem Bild einer emanzipierten Frau, doch wie konnte ich erwarten, in meinen neuen Bedürfnissen verstanden zu werden, wenn ich mich selbst nicht in mir auskannte? Wenn ich mich selbst nicht mal in den Arme nehmen konnte? Mir stattdessen immer und überall Höchstleistungen abverlangte? Ich war bereit, dieses Bild zu verändern!

Jeder von uns lebte also in seinem eigenen Alltag, und wenn mein Mann und ich an den Wochenenden in meiner Wohnung zusammentrafen, gab es einen gemeinsamen. Mir war klar, wenn ich es nicht schaffen würde, neues Vertrauen in dieser unsicheren Zeit aufzubauen, dann würde ich es nie mehr schaffen. Weder bei ihm, noch bei anderen Menschen. Vertrauen braucht seine Zeit, und mir war bewusst, diese Zeit würde uns zeigen, wie stark die neugewonnene Zuneigung uns binden würde, wie tragfähig sie bleiben sollte, wie wir mit der trennenden Distanz umgehen würden und dass sie den neuen Belastungen standhalten würde.

Meine Sehnsucht nach meinem Mann war grenzenlos und

irgendwie wunderschön. Wer hätte gedacht, dass ich mich noch einmal so nach meinem alten Ehemann sehnen würde?

Der Weg wurde das Ziel und wichtig für meinen Richtungswechsel. Mein Wille entschied sich ganz eindeutig für diese innere Wanderung. Ein unumstößliches Gesetz der Seele lässt die Vernunft und nicht allein den Verstand regieren. Meine Vernunft fragte mich, ob ich in dieser Zeit der äußeren Trennung innerlich getrennt bleiben oder zu einer inneren Einheit gelangen wollte. Es wurde kein Spaziergang für mich, Hanna. Doch meine Liebe blieb stark.

Aber unsere Liebe hält

Anfang Dezember 1996

Ich kann kaum noch ohne Schmerzen schlafen. Wandere stundenlang durch die dunkle Wohnung. Winde mich erbärmlich. Zu den üblichen Gelenkschmerzen – die auch mit dem langsamen Östrogenrückzug zu tun haben – gesellt sich ein alljährliches Karpaltunnelsyndrom. Ich kann nicht mehr zupacken. Nichts ergreifen. Immer, wenn ich körperlich zuviel gearbeitet und gleichzeitig zuviel Stress habe, taucht es wie ein alter Bekannter auf. Meist zu Weihnachten. Diesmal kommt die Trauer um unserere verlorene Liebe dazu. Und obwohl ich dich sicher an meiner Seite weiß und versuche, Vertrauen aufzubauen, gelingt mir keine wirkliche Entspannung. Etwas in mir arbeitet ohne mein Wissen weiter. Zuverlässig und präzise. Wie ein Laufwerk, das seine Arbeit verrichten will.

Du wirst es allmählich ahnen, Hanna. In diesem Jahr brachen Welten für mich zusammen. Ich musste begreifen, dass ich meinen Vater verliere. Ich musste akzeptieren, dass mir der Wunsch nach einem dritten Kind für immer versagt blieb. Ich musste mich von meinem Mann trennen, um den Weg zu mir zurück zu finden. Wechseljahre sind kritische Jahre. Wer kommt ohne Erschütterungen davon? Mein Verstand galoppierte meiner seelischen Wandlungsbereitschaft ständig davon. Ich wollte doch noch so vieles erreichen. Das Schicksal nahm damit ungehindert seinen Lauf.

Meine Angst, die Liebe meines Mannes für immer verloren zu haben, bohrte schwarze Löcher in meine Kinderseele, und diese Angst war mit therapeutischer Hilfe leichter und schneller zu bewältigen und zu überwinden. Ich wusste inzwischen, wenn wir lieben, verankern wir uns in der Herzensheimat des anderen. Wir wiederholen damit die Liebe, die uns einst im Schoß mit der Mutter verband. Wir wiederholen auch die Suche nach der Liebe, die wir einst dem Vater entgegenbrachten. Ich habe viel aus meinem Herzen heraus begreifen können und mir wurde klar: Wenn ich die Geschichte meines Lebens jetzt nicht voll und ganz annehme, dann wird sie sich in Zukunft durch jede Ritze und durch sämtliche Hintertüren einschleichen und mich stören, wo ich Ruhe brauche. Sie würde mich verfolgen und bedrängen. Ich konnte mir nicht davonlaufen. Meine Herkunft nahm ich immer mit. Ich war also bereit, meine Biografie in meine Gegenwart zu integrieren.

Der Umzug meines Mannes stand vor der Tür. Freunde halfen. Auch er hatte sich ein Netz geschaffen. Unabhängig von mir. Das war notwendig geworden, denn Männer brauchen Männer um sich, wenn sie miteinander in den Austausch treten wollen. Neben Sport und Stammtisch gab es beste Freunde, die man(n) zum Reden braucht. Genau solche standen ihm nun zur Seite. Ich musste an diesem Tag wie gewohnt ins Geschäft. Half am Abend, meine einst so heiß begehrte Villa sauber an die Nachfolger zu übergeben. Das gemeinsame Reinigungsritual hatte gewaltige Symbolkraft. Wir wischten veraltete Träume weg. Trügerische Illusionen. Wir fegten unruhige Geister fort. Dämonen besiegt. Am Ende durchschritten wir fast heiter Hand in Hand Raum um Raum und wussten, nun war die Zeit gekommen, um wirklich Abschied zu nehmen.

Diese Villa war lange Zeit eine Art »Wunschkind« für mich. Sichtbarer Ausdruck innerer Veränderung. Damals verstand ich den Ruf nicht anders. Beide waren wir außerdem nicht bereit zu geben, was der andere wollte und brauchte. Beidseitiger Aufbruch zu neuen Ufern und unbekannten Gefilden. Zunächst neue Brücken an unsicherer Stelle gebaut. Wir verfehlten uns knapp. Dafür umso gewaltiger. Doch genau dieser Versuch, dieser Irrtum musste es sein, um zu begreifen, was wirklich wichtig im Leben blieb. Still hielten wir uns an den Händen. Schlossen diese Tür für immer hinter uns.

Seine Wohnung war ganz nett. Ich richtete mich spärlich bei ihm ein. Unser Sohn war zufrieden. Hauptsache, wir verschonten ihn nun endgültig mit unseren Ehedramen, verkündete er scherzhaft. Und ich wusste, er war froh, uns wieder zusammen zu sehen. Unsere Tochter blieb noch ein wenig skeptisch. Sie kannte keine wankende Mutter, nur eine standfeste und autonome. Das neue Bild von mir gefiel ihr nicht. Heranwachsende Töchter benötigen auch innerlich selbstbewusste Mütter, brauchen Orientierung und Leitung, wenn sie selbst dabei sind, zu werden, was sie sein wollen.

Und dann begann ein letzter Akt unseres Dramas, von dem ich dachte, er bliebe mir erspart. Die verlassene Geliebte meldete sich unvermittelt. Zitierte mir seine Gefühle und die damit verbundenen Daten präzise aus ihrem eigenen Tagebuch. Sezierte damit auch seine Liebe akribisch genau. »Warum sind Sie wieder zurückgekommen?« fragte sie mich rau und fassungslos am Telefon. »Ich bin jünger als Sie …« Und wo sie über mich so gut wie alles zu wissen schien, wusste ich fast nichts über sie. Ich fühlte mich entblößt. Diese Frau verzichtete in ihrem Kummer nicht darauf, mir seine Macken aufzuzählen, mit denen ich seit Jahrzehnten vertraut war. Ich hörte ihr widerwillig und gleichzeitig wie gebannt zu. Merkwürdigerweise fühlte ich mich sogar für eine kurze Dauer mit ihr solidarisch.

Unser zartes Liebesband drohte erneut zu zerreißen. Ich packte zum wiederholten Male meine wenigen Klamotten aus seinem Schrank, notierte ihren Anruf mit zittrigen Händen auf einem Zettel. Legte den Wohnungsschlüssel auf den Tisch. Das war jetzt wirklich das Ende. Diesmal gab es keine Entschuldigung. Ich war fest mit meinem Mann zusammen, und er hat »dieses Weib« trotzdem weiter beglückt? Ich war zutiefst verletzt. Mehr als je zuvor. Nur wenige Stunden später klärte er mich auf. Nachdem die Beziehung beendet worden war, sei er nie mehr bei ihr gewesen. Allerdings gab er zerknirscht zu, sie während unserer Annäherungszeit parallel zu mir besucht zu haben. Das letzte Mal, bevor ich meine Wohnung bezog. Noch bevor er mich besuchen kam zog es ihn wie magisch zu ihr hin? Mir wurde schlecht vor so viel Enttäuschung.

Und sofort darauf schoss auch schon ein mächtiger Schub alter, verdrängter Wut unkontrolliert dazwischen. Ich verlor die Beherrschung: Regiert euch Männer nur euer Schwanz?

Dreht sich alles um Sex und Gier, ums Haben? Sind Frauen wirklich so mächtig mit ihren Reizen, oder wollen Männer ganz einfach nur primitiv besitzen, um Macht zu demonstrieren? So ein Verhalten wäre Entwertung pur für mich. So reduziert zu sein auf sexuell stimulierende Formen. So ausschließlich über lautes Stöhnen und lustvolles Ächzen bewertet zu werden, nur damit er glaubt, er sei der Beste. So über ein »Wo und wie oft bringen wir es?« manipuliert zu sein, das machte mich innerlich fast wahnsinnig vor Zorn. Zählt sonst nichts? Haben Frauen sonst keine Werte?«

Nicht erschrecken, Hanna! Keine Angst vor meiner Wut! Heute weiß ich: Was da in mir aufstieg, hatte nicht im Entferntesten mit meinem Mann zu tun. In mir explodierte ein Entwertungsprogramm und wurde ohne Wenn und Aber abgespult. Stellvertretend wütete ich (wie immer) für all die Frauen auf der Welt, die zu diesem Zweck verraten und verkauft, missbraucht und benutzt wurden, um dem patriarchalen System zu dienen. Damals begriff ich nicht, was es damit auf sich hatte. Später schon. Dazu berichte ich dir noch. Innerlich war ich zwar außer mir, sprach dennoch kein einziges Wort in diesem Moment. Eine ganz neue Seite an mir kam zum Vorschein. Eine innere Stimme hielt mich vorsichtig zurück. Ich verzichtete zunächst auf verbale Anschuldigungen. Mit wirklich allerletzter Kraft holte ich meine verletzte, fliehende Seele zurück. Wartete verwundet wie ein Tier auf die Erklärung, die da folgte: »Ich habe mich verhalten wie ein kleiner Junge. Habe mir noch einmal was genommen, was ich eigentlich nicht mehr brauchte. Es war ein Ausrutscher. Ich konnte einfach nicht widerstehen!«, hörte ich ihn sagen.

Als ich das später meinem Therapeuten erzählte, grinste er, wie nur Männer grinsen, die genau wissen, was sie tun, wenn sie mit einer anderen Frau ins Bett steigen: »Und was glaubst du?«, fragte er mich. Meine Meinung dazu kommt später noch einmal auf ein ganz neues Tablett. Ich dachte erst so: Es ist, wie in einer Konditorei am letzten Tag zu arbeiten. Man hat bereits gekündigt. Aber bevor man geht, schlägt man sich noch mal so richtig den Wanst voll. Und obwohl man weiß, wie alle Torten schmecken, langt man ein letztes Mal kräftig zu.

Ich hätte meinem Mann, das gebe ich zu, wirklich hammerharte Bauchschmerzen gewünscht, und sah ihm trotzdem an, wie sehr er unter dem litt, was er als doppeltes Spiel betrieben hatte. Als er ganz sicher war, mich wieder haben zu wollen und wußte, dass ich bleiben würde, belog er die andere, um ihr (noch) nicht unnötig weh zu tun. Weil er mich nicht erneut verlieren wollte, verschwieg er die Besuche bei ihr, so gut es ging. Er konnte dabei nur verlieren!

Weiberzank

Später Dezember 1996

Warum meldet sich eigentlich wieder ein »verschmähtes Weib« bei mir, statt sich mit dir auseinander zu setzen? Rache? Weil sie nicht (be)halten konnte, was ich wieder zurückbekam? Um mir weh zu tun? Weil sie dein neues Glück zerstören will? Weil sie weiß, was du auszubaden hast, wenn alles ans Licht kommt? Bestrafung als Erziehungsmittel? Weil sie lieber die Feindin, die Konkurrentin attackiert? Da steht eine Frau einer anderen Frau im Wege. Der Mann wird verschont. Es ist die Frau, die des Übels beschuldigt wird. Eva sündigte. Nicht Adam, der arme Kerl!

Das ist ein äußerst heikles Kapitel für uns Frauen, Hanna! Wir wählen nämlich selten den direkten Weg der natürlichen Wut und des gerechten Zorns, die an sich zielgerichtete Energien sind! Wir verharren stattdessen in der Opferhaltung, um über Umwege zuzuschlagen. Wenn wir uns gegenseitig angreifen, dann werten wir die andere gerne ab: »Was fandest du bloß an dem dürren Gerippe? Die hat ja noch nicht mal eine Handvoll Busen!«, sagte ich selbst oft genug, weil auch ich es nicht anders gelernt habe. »Ich bin jünger«, setzte mir natürlich in dem Moment zu, in dem ich mich durch den Kummer steinalt fühlte. Nun, der Altersunterschied nützt nur begrenzt. Wenn Jugendlichkeit an Wert verliert, wird mit knallharten Bandagen die ältere Frau bekämpft, welche die Jüngere auch irgendwann sein wird. Ein wahrlich schwieriges Kapitel wurde da für mich aufgeschlagen.

Das Schlimmste schien zu sein, dass mein Mann die Verantwortung für sein Doppelspiel übernehmen und für eine Weile mit Schuldgefühlen leben musste. So schnell wird man(n) also schuldig, wenn man(n) glaubt, keine andere Wahl zu haben, als zu lügen! Dabei hat er Lügen schon als Kind bei seiner Mutter so gehasst. Ihr konnte er das übrigens nie verzeihen.

Und ich nahm immer weiter ab. Konnte absolut nichts dagegen tun. Wog nur noch 54 kg und sah wie ein gerupftes Huhn aus. Ich fror unentwegt. Mein Gesicht zeigte noch tiefere Linien um den Mund. Meine Haare waren, wie über Nacht, von weiteren silbernen Härchen durchzogen. Eines Morgens legte uns eine schwere Erkältung flach. Mein Mann konnte plötzlich nichts mehr hören, verspürte ungeheuren Druck auf seinen Ohren. Was wollte er nicht mehr hören? Mir blieb die Stimme weg und ich konnte nichts mehr schlucken. Wie viel Unausgesprochenes steckte mir immer noch im Hals fest? Stumm lagen wir stundenlang im Bett. Was wollten uns diese Krankheitsbilder sagen? Wer nicht hören will, muss fühlen? Unsere Symptome passten zusammen. Alles Vergangene war nun aufgedeckt, lag offen und schutzlos wie ein Körper kurz vor der Operation auf dem Tisch.

Wenn er damals seine Ohren vor meinen Fragen verschlossen hätte, Hanna, wäre ich wieder sprachlos geworden, und eine Chance, ehrlich und aufrichtig miteinander ins Gespräch zu kommen, wäre ungenutzt verstrichen. Offenheit war das einzige, was unserer Beziehung zu dem Zeitpunkt weiterhelfen konnte. Wir muteten uns gegenseitig unseren Schmerz zu. Auch die Scham musste endlich ein Ende haben. Meine Wahrnehmungsantennen waren übersensibel und überreizt. Wir hatten es nicht einfach miteinander. Und der Beratungstermin lag noch so weit entfernt. Wie sollten wir die Zeit bis dahin überbrücken?

Wochen später lag eine äußerst zermürbende Zeit hinter uns. So viele Fragen von mir und so wenige für mich zufriedenstellende Antworten von meinem Mann. Ich wollte natürlich alles über die andere Frau wissen.

Kannst du das verstehen, Hanna? Sie durfte einfach kein gesichtsloses Phantom für mich bleiben, und ich durfte mich nicht mehr länger in energieraubenden Phantasien über sie ergehen. Ich versuchte, auf diese Weise den Schmerz des Liebesverrats zu tilgen, indem ich forschte, um besser verstehen zu können. Ich war mir manchmal selbst zu anstrengend. Brauchte dennoch und unbedingt dieses gezielte Nachfragen, um Sicherheit zu bekommen.

Ist mein Verhalten für dich nachvollziehbar, Hanna? Ich weiß, du bist in diesem Punkt anderer Ansicht. Doch es ist meine ganz individuelle und sehr persönliche Art, mit Seelenschmerzen umzugehen. Wenn ich die Chance erhalte, nachzuvollziehen, warum ich »belogen und betrogen« wurde, kann mir eine Aussöhnung mit dem schmerzlichen Thema gelingen. Bis dahin war es aber wirklich noch ein weiter Weg. Mein Mann verweigerte mir an Erklärung wenig, nur da, wo der Schmerz mich fast umzubringen drohte, blieb er dezent. Bergmanns »Szenen einer Ehe« schienen mir eine Bagatelle gegen unser Szenario. Mein Mann hielt durch. Bis ich irgendwann ruhiger wurde und nachließ mit meinen jammervollen Anklagen.

Ich begann sehr, sehr langsam zu verstehen. Mein Mann bekam zusätzlich etwas ab, was eigentlich nicht mehr wirklich mit ihm zu tun hatte. Er löste etwas in mir aus. Ich stülpte ihm ein Bild über, das zu jemand anderem gehörte. Eine mächtige Flutwelle rollte erneut auf mich zu. Bevor sie mich erreichte, wurde sie durch seine Aufrichtigkeit gestoppt. Mein Mann tat in den Momenten das Wichtigste und einzig Richtige für mich. Er hielt mir stand. Blieb authentisch. Verbog sich nicht. Schonte mich nicht aus falsch verstandener Rücksichtnahme. Er gab seine hilflose Haltung mir gegenüber zu, die nur von außen betrachtet feige aussah. Nichts wurde geleugnet und nichts mehr verdrängt.

So versickerte allmählich die immer wiederkehrende Pein des Betrugs, die mich in regelmäßigen Wellenbewegungen immer und immer wieder überrollen wollte. Ich trauerte herzzerreißend und wusste nicht, ob dieser Schmerz mich je verlassen würde. Als die Ebbe einsetzte, war es mir möglich, meinen eigenen Anteil daran zu erkennen. So wie ich mich zu dem Zeitpunkt der zweiten Wiederannäherung verhalten habe, hatte er gar keine andere Wahl. Ich wäre wieder weggerannt, hätte wieder meiner schieren Wut, die ständig den Schmerz überlagerte, nachgegeben, und das alte Spiel hätte von vorne begonnen. Das war immer schon viel einfacher für mich gewesen als in mir selbst nachzuforschen.

Dramen in epischer Länge durchzogen ganz unaufgefordert meinen Kopf. Die Gelegenheit, nie mehr schlucken zu müssen, was ich nicht mehr schlucken wollte, die war nun endlich da. Ich war in ein weiteres Seelenzimmer vorgedrungen. Kümmerte mich darin um meine eigenen, immer wieder aufgeschobenen Aufräumarbeiten. Meine Seelenlandkarte blieb noch für eine lange Zeit unwegsam. Mühselig arbeitete ich mich voran, bis ich eine winzige Spur sichtete.

Wir wurden nur langsam ein erwachsenes Paar. Die Zeit ließ sich nicht mehr zurückdrehen. Wir konnten nicht mehr von vorn beginnen. Jedenfalls nicht so wie damals, als wir blutjung aufeinander trafen. Ich lernte, dass ich wie jeder Mensch Schwachstellen habe und nie im Leben gefeit bin, Irrtümer zu begehen. Ich hatte oft geirrt, mich verirrt und verlaufen im Leben. Auch ich habe dabei insgeheim gehofft, dass mir verziehen würde. Am wichtigsten war nun, dass ich lernte, mir zu verzeihen, eine falsche Entscheidung getroffen zu haben. Das war seelische Schwerstarbeit für mich. Mein Ziel alleine zu wohnen, war erreicht. Doch wie ging es mir mit dem Erreichten?

Es entsprach nicht meinen Erwartungen. Ich hatte mir den Alltag, ohne meinen Mann, schöner vorgestellt. Ich wusste wirklich nicht genug Bescheid über mich, und erst der Verlust seiner Liebe lehrte mich, seinen Wert zu schätzen.

Das Gewohnte nicht mehr gewöhnlich werden zu lassen, sondern das Gewohnte besonders vertraut zu behandeln, das wurde mir zum neuen Leitfaden in den Wechseljahren. Was wir beide bei anderen Menschen für Liebe hielten, war oft nur ein Funkenregen, Feuerwerk, viel Getöse und viel zu laute Musik. Wahre Liebe verhält sich für uns unauffälliger und stiller. Sie wächst im Verborgenen und zeigt sich in den vielen kleinen Dingen und Zärtlichkeiten.

Und genau das hatte ich noch zu lernen. Zu Silvester mieteten wir uns ein gemütliches Appartement im damals von mir gewählten Landhaus und erlebten ein außergewöhnliches Jahresende. Ich schrieb zum Abschluss des Jahres in mein Tagebuch: »Meine Liebe ist ein Stern. Er existierte schon, da waren wir noch gar nicht geboren. Dieses Licht fand den Weg in das richtige Herz.«

Und stell dir vor, Hanna! Ein ganzes Jahr später wog ich wieder 60 kg und fühlte mich erheblich besser. Wir gingen regelmäßig zur Eheberatung, lernten bereitwillig das ABC der erwachsenen Partnerschaft und hatten einen großen Vorteil. Wir wollten für immer zusammenbleiben, nicht mehr dieselben Fehler wie früher begehen, auch nicht länger alte Bitternisse und Versäumnisse aufkochen. Wir hatten am eigenen Leib erfahren, wie schädlich es für unsere Beziehung gewesen ist, immer wieder vom anderen hören zu müssen, was falsch gelaufen war. Wer sich ständig an alten Fehlern orientiert, der lebt rückwärtsgerichtet und gibt der Zukunft nur wenig Raum. Lernen bedeutet, Versuch und Irrtum zu wagen! Wir hatten viel vor, waren beide guter Dinge. Meine Gespräche mit dem Therapeuten taten ihr übriges.

Mir wurde immer klarer, dass ich meinen Mann habe »büßen« lassen. Streit und Versöhnungsmuster haben uns beide von Haus aus geprägt. Wir gingen mit ganz unterschiedlichen Erwartungen an Konflikte heran. Ihm fehlte die Fähigkeit, seine Gefühle in Worte zu fassen. Ich sollte nicht sehen, wie ihn das schwächte. Den Gefühlshaushalt nicht unter Kontrolle zu haben war für ihn schlimmer, als sich nicht zu öffnen. Also ließ er sich nicht in die Karten schauen. Chancen für neue Annäherung gingen damit ungenutzt vorüber. Es gab schon als Kind für ihn keine positive Erfahrung in diesem empfindlichen Bereich. Ich fühlte mich indessen abgewertet, wenn er mir nicht zuhören, dafür lieber mit mir ins Bett wollte. Danach konnte er zwar manchmal besser mit mir reden, ich aber wollte die Konflikte vorher geklärt haben. Eine Spirale begann sich zu drehen.

Wir lernten über ein Jahr lang, uns im wahrsten Sinne des Wortes konstruktiver auseinander zu setzen, wenn es um Konflikte ging. Aber so viele Konflikte gab es nun gar nicht mehr. Es gab nur ein Dauerthema: die andere Frau! Ich verarbeitete den Restschmerz immer noch sehr langsam und erlebte ein altes Gefühl des Verrats erneut.

Mein Vater begann in seinen Wechseljahren – für die man damals noch kein Bewusstsein hatte – ein aushäusiges Verhältnis, wie man es damals nannte. Ich erlebte als junges Mädchen unschöne Auseinandersetzungen, die ich besser nicht miterlebt hätte. Ich befand mich mittendrin im Orkan der elterlichen Verletzungen, wobei ich mich einerseits völlig mit dem Leid meiner Mutter identifizierte, andererseits ihre nicht ausgedrückte Wut zu meiner machte und ich für sie in die Bresche sprang. Ich stritt mich oft und gerne mit meinem Vater. In diesen Zeiten heftiger denn je.

Nach drei Jahren war der Zauber für ihn vorbei. Zurück blieb ein gewaltiger Scherbenhaufen, den meine Mutter mit viel Kraftaufwand äußerlich zu kitten versuchte. Nichts wurde aber zwischen ihnen wirklich verziehen und geklärt. Eine kränkende Angelegenheit für beide. Meine Mutter hatte ihre eigenen Methoden, um den Betrug zu bewältigen. Fortan blieb sie mit ihrem »Beruf verheiratet« und befriedigte Gefühle nagender Unzufriedenheit auf ihre Weise. Machtkämpfe entbrannten um tausend Kleinigkeiten. Und weil meine Mutter den längeren Atem besaß, mein Vater sich insgeheim schuldig fühlte, geriet ihre Ehe in eine gefährliche Schieflage. Mein Vater nannte meine Mutter seitdem »Mama«. Und sie sagte: »Der Papa braucht mich halt.«

Sex ist nicht alles im Leben, sagte sie mal, und ich spürte, wie schwer es für sie sein musste, darauf zu verzichten, denn: »Der Papa ist in dieser Hinsicht immer sehr fleißig gewesen, und jetzt ist es vorbei!« Wir konnten damals deshalb darüber reden, weil sie mich wie eine Erwachsene behandelte, obwohl ich erst heranwachsend war. Sie wäre übrigens nie auf die Idee gekommen, sich einen Liebhaber zu nehmen. Sie ist eine grundanständige, stolze und unantastbare Frau gewesen und geblieben. Mein Vater war Mitte 40, als die Affäre begann, und kaum über 50, als sich der Sex aus seinem Leben und damit auch aus dem Leben meiner Mutter für immer verabschiedete. »Ich habe mich für immer verausgabt!« Auch ihm hörte ich, wie gewohnt, töchterlich geduldig zu.

Meine Mutter nahm sich für viele Dinge zu wenig Zeit. Außer für ihren Beruf. Der brachte ihr die so nötige Anerkennung, die mein Vater ihr nie geben wollte und es wohl auch nicht konnte. Sie war eine sehr ehrgeizige und überaus fleißige Frau. Wie eine »Tellerwäscherin aus New York« arbeitete sie sich von unten nach oben. Schon bald saß sie im festen Sattel einer angesehenen Firma und erntete eine Belobigung nach der anderen. Um keinen Preis der Welt hätte sie auf diese Arbeit verzichtet.

In ihren kritischen Jahren hatte ich nur Augen für meine große Liebe. Mein Vater litt von Kindesbeinen an unter Liebesentzug. Als seine Tochter wusste ich das selbstverständlich, mutete ihm trotzdem meine Abkoppelung zu. Diese elterlichen Zustände raubten mir viel Kraft, die ich so notwendig für mich und meine Weiterentwicklung gebraucht hätte. Ich war doch gerade erst der Pubertät entwachsen, als ich hautnah miterleben musste, wie meine Mutter sich unter diesen Verhältnissen verhielt: Sie trank den bitteren Schierlingsbecher der Demütigung jeden Tag aufs neue. Das war ihr einziges »Vergehen« in meinen damaligen Augen, dass sie nie offen, von Angesicht zu Angesicht, Paroli bot. Für mich war die mangelnde Offenheit meines Vaters meiner Mutter gegenüber und ihre Unfähigkeit, sich mit ihm streitbar auseinander zu setzen, kaum zu ertragen, Hanna!

Und als mein Mann seinen »Ausrutscher« zugeben musste, erbrach sich plötzlich der unverdaute Brei der damaligen elterlichen Situation. So ganz ungefiltert und unreflektiert. Es brach einfach alles aus mir heraus, was sich seit dieser Zeit in mir aufgestaut hatte. Nur bei meinem Mann traute ich mich immer und ungehindert, jede Facette meiner Gefühle zu präsentieren. Bei ihm durfte ich sein, wie ich wollte, er liebte mich weiter. Verlässlich und mir treu ergeben. In all den Jahren unserer Beziehung erhielt er meinen ganzen Vertrauensvorschuss, und das hat mir die nötige äußere Sicherheit im Leben gegeben. Die habe ich in meinem Elternhaus am schmerzlichsten vermisst. Er schien mir ein ewig liebender Romeo zu sein, und ich wurde seine ewig verliebte Julia. Es war an der richtigen Zeit, das Elternhaus zu verlassenen. Daran gibt es nichts zu rütteln. Dass ich aber die unerledigten und gestörten Beziehungsmuster der Eltern mitnahm, davon ahnte ich natürlich nichts.

Auch im Leben meines Mannes gab es eine unverarbeitete Familiengeschichte. Seine Mutter genoss durch seine Geburt viel Aufmerksamkeit und regierte den Männerhaushalt mit einem distanzierten Herzen und tausend Verbotstafeln im Gesicht. Seismografisch erfasste er schon als Kind jede Schwingung ihrer Gemütslage. Zufriedenheit in ihrem Gesicht erkaufte er sich durch Leistung und Wohlverhalten. Liebevoll war der Großvater. Der hatte allerdings nichts zu melden. So wie sein Sohn beugte er sich unaufhörlich den Launen dieser Frau. Sie hat ihrem Mann eigentlich nie verziehen, ihren angeheirateten Status als Regentin eines Geschäftshaushaltes sang- und klanglos verloren zu haben. Und der Großvater trug in ihren Augen die Schuld daran: Er sei ein unfähiger Geschäftsmann gewesen, hätte in der Nachkriegszeit viel zu wenig Geld für seine handwerkliche Arbeit gefordert, und so sei er daran pleite gegangen. Gutmütigkeit war ihr fremd.

Sie kam übrigens verfrüht in die Wechseljahre. Nach der Geburt eines weiteren Sohnes, mußte sie sich einer Totaloperation unterziehen. Da war sie noch keine dreißig. Damals ging man ziemlich rigoros vor, und die hormonelle Versorgung an sich war schon unverantwortlich. Überdosierung schien an der Tagesordnung. Sie verlor ihre Haare dabei und muss wirklich sehr gelitten haben. Mein Mann erinnert sich seit seiner Schulzeit an keine liebevoll zugewandte Mutter mehr, sondern nur an ihre fordernde Haltung, ihre wechselnden Stimmungen und vor allem an ihren ständig vorwurfsvollen Blick. Die »Lügenmärchen«, die sie auftischte, damit der Vater mit seinen Söhnen ins Gericht ging, hat mein Mann ihr nie verzeihen wollen. Vor allem aber eines nicht: dass sie seinen geliebten Großvater so abgrundtief schlecht behandelte, sein eigener Vater dabei zusah, aber nichts dagegen unternahm. Dadurch identifizierte sich mein Mann schon als kleiner Junge täglich mit den Demütigungen, die sein Großvater zu erdulden hatte. Er litt stellvertretend weiter. Selbst dann noch, als sein Opa schon gestorben war.

Das holt meinen Mann immer wieder im Leben ein, dieses uralte Gefühl von Demütigungen. Vor allem, wenn es andere hilflose Menschen betrifft. Für ihn und seinen Bruder, für seinen Vater und seinen Großvater bedeutete die ständige Reizbarkeit der Mutter allerhöchste Alarmstufe. Jedermann kreiste ausschließlich um ihre »miese« Befindlichkeit. Niemand bot Widerstand. Keiner von ihnen wollte schließlich daran Schuld haben, wenn ihre Angina-Pectoris-Anfälle kamen. Die Enge ihres Herzens ließ meinen Mann schon als Junge flüchten. Ihr gelang kein anderer gangbarer Weg, als den der Krankheit zu gehen.

Die jüngste Schwester seiner Mutter liebte meinen Mann als kleinen Jungen dafür abgöttisch. Dort holte er sich die notwendige Ration Liebe, die er zu Hause vermisste. Diese kindliche Liebessuche hat er wiederholt, als ich mich von ihm trennte. Mein Mann erfuhr außerdem nie ein männliches Vorbild in Sachen Streitkultur. So gesehen haben wir uns in jungen Jahren wahrlich gesucht und gefunden, um heute miteinander lernen zu können.

Ich lebte vieles von dem, was ich von Haus aus als Vorbild vorgesetzt bekam. Die zielstrebige Berufstätigkeit meiner Mutter. Die heftige, oft jähe Streitlust meines Vaters. Seine spätere Gefühlsdistanziertheit ihr gegenüber und ihre fast unerträgliche Sehnsucht nach seiner Nähe, erhielt ich als Aussteuer dazu. Mein Mann orientierte sich eher an der Streitunlust seines Vaters und der Bedürfnisbefriedigung seiner Mutter. Wenn er sich nicht ihren Bedingungen ergab – schließlich war er von ihrer Zuwendung abhängig – ordnete sie ihr katholisches Herz und kam ans Ziel ihrer Wünsche. Sie setzte die gewohnte Leidensmiene auf und unterstrich damit ihr aufopferungsvolles Tun in der Familie. Bei ihnen zu Hause hieß es immer: Erst die Mutter, und dann das Vergnügen.

In der Beratung haben wir unsere Familienmuster aus der Distanz betrachten können, Hanna. Wir befinden uns in einer dritten Generation, die ihre Fesseln abstreifen kann, wenn wir das wirklich wollen. Es braucht Kraft und Energie dazu, die nicht in andere Kanäle laufen darf. Es wird immer dann sinnvoll, sich dieser inneren Arbeit zuzuwenden, wenn wir das Gefühl haben, etwas Altes in uns will sich erheben und gesehen werden.

Es gab trotz der gestörten Familienbande auch Zufluchtsorte für uns. Beide haben wir einen liebevollen Großvater gehabt. Mein Mann länger als ich. Beide eine Ersatzmutter, die wir lieben konnten. Für ihn war es die jüngste Schwester seiner Mutter, für mich die ältere Schwester meines Vaters. Sie erkannte früh meine angelegten Talente und hätte mich gerne darin gefördert. Leider sah ich sie für längere Zeit nur einmal im Jahr, doch ich erinnere mich noch sehr genau an die vielen schönen Stunden, wo sie mich ganz ungestört zeichnen und erzählen ließ und mir und meinen Brüdern wunderbar spannende Geschichten erzählte. Sie nahm sich Zeit für uns, wenn wir bei ihr in den Ferien zu Besuch waren, obwohl auch sie jeden Tag zur Arbeit ging. Wir wären ihre ersehnte Ersatzfamilie, erzählte sie mir später. Sie hat nie geheiratet, nie Kinder bekommen und dennoch so viel Liebe für mich und meine Brüder in ihrem Herzen getragen. Sie hat ihren festen Platz in meinem.

Ich weiß wie du, Hanna, die Generation unserer Großeltern und die unserer Eltern ist eine um vieles betrogene Generation. Unverarbeitete Kriegserlebnisse, Vertreibungen und ein ständiges auf der Flucht sein ließen viele von ihnen seelisch verkrüppelt zurück. Ihre Unfähigkeit zu trauern, zu erkennen und zu reflektieren ist unsere Bürde geworden, die wir heute endlich ablegen können. Diese Erkenntnis war es dann auch, die mir dabei half, versöhnlicher und verzeihender zu werden. Es braucht wohl diese drei Generationen, bis sich gestörte Beziehungsmuster auflösen können. Auch wir werden unseren Kindern mit Sicherheit etwas hinterlassen, um deren Auflösung sie sich später bemühen müssen.

In der Beratung erfuhren wir, was wir voneinander lernen können. Mein Mann ging fälligen Konfrontationen nicht mehr so schnell aus dem Weg. Ich konnte die Dinge des Lebens auch mal so lassen, wie sie waren, ohne für alles eine sofortige Lösung zu erzwingen. Das Lernprogramm war zwar nicht gerade einfach für uns beide, aber in Anbetracht einer nochmaligen Krise, die wir kein zweites Mal in dieser heftigen Form erleben wollten, lernten wir lieber, statt mit anzusehen, wie es den Bach runtergeht.

Das Jahr der professionellen »Beleuchtung« tat uns beiden wirklich gut. Es geschah in einer liebevoll zugewandten Form. So ist Veränderung am ehesten möglich. Wir hatten in dieser Zeit nur mit uns selbst zu tun und bezogen uns sehr aufeinander. Wir blieben im ständigen Dialog, was unsere Gefühle und Gedanken betraf. Wahrlich eine wunderbar intensive Zeit für uns. Ich lernte während des Streits Grenzen zu achten, und mein Mann lernte, sie mir auch zu setzen. Er lernte auszuhalten, wenn es mir nicht so gut damit ging. Ich war nicht seine Mutter, und ich strafte nicht mit Liebesentzug. Diese alten Wunden bedurften dringender Heilung. Erst dann konnte ein neues Miteinander dauerhaft gelingen.

Ich klärte meinen Mann rechtzeitiger über meine Gefühlslage auf, statt wie ein Kind trotzig zu werden, wenn er mich nicht sofort und auf der Stelle verstand. Wir betrachteten den anderen nicht als Besitz. Was eine große Versuchung ist, wenn man so wie wir seit ewigen Zeiten zusammenlebt und glaubt, einander in- und auswendig zu kennen.

Ich habe meinen Mann neu kennen gelernt, damals am See. Dort erfuhr ich von seinen schmerzenden neuen Wunden und alten Kränkungen, von seinen alten Sehnsüchten und neuen Vorstellungen. Wir haben uns dadurch ganz neu ineinander verlieben dürfen. Wie oft passiert das schon alten Paaren?

Dieses Jahr hat uns sehr verändert, Hanna.

Wir sind wie umgewandelt. Das alte Bild aus längst vergangenen Tagen verblasst nun immer mehr. In unserer Beziehung ist ab jetzt für jeden eine Seelen-Zimmertür da, die uns schützt und vor Zudringlichkeit bewahrt. Das war mir neu, denn ich kannte es seit Kindertagen nicht anders, als dass jeder ungehindert in meine Seele eindringen durfte. Wir beide hatten nun unsere inneren Räume gefunden. Ich klopfe heute an, wenn ich eintreten möchte. Das war wohl das Wichtigste, was ich zu lernen hatte.

»Nur wer vögelt, kann auch fliegen«

März 1997

Unser Liebesleben ist so schön wie nie zuvor geworden. Fast sollte ich dieser Fremden dankbar sein. Ich musste in unserer Krise dringend eine weitere anerzogene Barriere überwinden. Weil ich dich unbedingt wiederhaben wollte, war Eigeninitiative erforderlich. Ein weibliches, längst fälliges Tabu wurde für mich aufgelöst. Ich baggerte zum ersten Mal wie blöde, und das war auch noch erotisierend für mich.

»Mädchen haben sich nicht herzugeben. Mädchen, die ihre Lust ungezügelt zeigen, benehmen sich wie Huren. Frauen, die mit jedem schlafen, sind wie gebrauchte Handtücher, die niemand mehr will. Frauen müssen sich umwerben und erobern lassen«. Diese Warnungen an mich, die ich als Heranwachsende bis zum Erbrechen hörte, werfe ich jetzt über Bord und beginne, mich hemmungsloser zu zeigen. Hemmungslos in dem Sinne, dass ich meine Lust zulasse, mich nicht mehr länger dafür schäme. Es ist einfach herrlich, weiblich, frei und unbeschwert lieben und genießen zu dürfen.

Wahrscheinlich erlebe ich gleichzeitig einen androgenen Testosteronschub, der mir zusätzlich mächtig einheizt? Egal. So kanntest du mich lange nicht mehr. Wollend und gleichzeitig hingebungsvoll. Das hast du oft an mir vermisst. Ich kannte mich so auch nicht mehr. Ist auch für mich überraschend, mich so zu erleben. Wir haben uns beide ziemlich schnell an diesen wunderbar entspannenden Zustand gewöhnt. Lustbetont durch die Wechseljahre zu tanzen, ist wahrlich nicht das Schlechteste. Es ist ein wunderbares Geschenk.

»Nur wer vögelt, kann auch fliegen, über Berge, über Täler, über Bäuche, Falten und die Wechseljahre … Geh zum Lachen nicht in'n Keller, und wenne weinst, dann aber richtig, lass ma locker, lass ma gehen, sei ma happy …«, singen die Missfits auf meiner CD.

Ach ja Hanna, das war überfällig! Diese Auflösung veralteter Tabus. Darüber zu reden ist höchst unanständig, wurde mir beigebracht. Es zu tun auch. Anständig sind nur die, die heiraten und eine ordentliche Ehe führen. Unanständig sind immer die, die ausprobieren, mal mit dem einem und mit dem anderen in die Betten hüpfen und nicht oder zu spät heiraten. Mich hatte diese anerzogene Doppelmoral jedenfalls viel zu lange und viel zu fest am Angelhaken.

Das Jahr nach der Trennung ging mit einem guten Ergebnis zu Ende. Unter der Woche waren wir das Elternpaar in seiner Wohnung. Am Wochenende wurden wir zum Liebespaar in meiner stillen und sehr winzigen Wohnung. Nähe und Distanz war nicht mehr länger eine Frage der äußeren Umstände für mich. Ich brauchte keine 170 Quadratmeter zwischen unseren Zimmern. Innerlich habe ich mich von fälligen Altlasten befreien können, deshalb wurden radikale äußere Befreiungsakte nicht mehr notwendig. Meine frühere Idealvorstellung von zwei eigenen Wohnungen löste sich übrigens schnell in der Realität des ganz normalen Alltags auf.

So ist es also, wenn jeder von uns woanders wohnt, wir ständig hin und her pendeln müssen, grummelte ich oft. Mir fehlten andauernd irgendwelche Klamotten zu meinem Glück. War ich bei meinem Mann, fehlten mir garantiert die passenden Schuhe zu meinem langen Rock. Mittlerweile hatte ich fast alles doppelt. Zwei Föhne, zwei Wimpernzangen, zwei Gänsebräter! War er bei mir, vermisste er sein Lieblingshemd, den größeren Kühlschrank, die vollgepacktere Kühltruhe. Mein Liebster entwickelte sich in dieser neuen Zeit zunehmend zu meinem Privatkoch, was mir ausnehmend gut gefiel und mir genüssliche Pfunde auf den Hüften schenkte. Ob Steinpilzrisotto mit duftendem Rosmarin und frischem Parmesan, ob Spaghetti mit knusprig gebratenem Salbei und leicht gebräuntem Knoblauch, ich aß mit sichtlicher Lust, was er mir auftischte. Uns ging es schlicht und einfach gut miteinander.

Die wandlungsbereite Liebesbeziehung

Tagebücher (3. Teil) 1997–1999

Wechseljahre sind wunderbar

Winter 1997

Ich beschließe, mehr über die Wechseljahre wissen zu wollen. Zunächst mal über meine eigenen. Den Gynäkologen suche ich nur noch zur Vorsorge auf. Mir geht es gut. Das sieht jeder. Mein Gewicht schwankt nicht mehr dramatisch. Es pendelt sich allmählich ein. Mit jedem Lusturlaub bleiben die klassischen drei Kilos mehr an mir hängen. Es sind nun neun davon vorhanden, vorwiegend am Bauch! Gnocchi und Tiroler Speckknödel sitzen mir prall auf der Hüfte. Sieht trotzdem gut aus, versicherst du mir, mein lieber Mann, du liebst wirklich jedes neue Pfund an mir. Nie hatte ich weichere und rundere Formen. Wo ich in meiner Pubertät hormonell unterentwickelt war, blühe ich nun in meinen Wechseljahren richtig auf. Die Haut ist rein. Das Haar trotz Silberfädchen glänzend. Die Schleimhäute bestens versorgt. Die Stimmung selten im Keller.

Du, mein Liebster, nimmst an ähnlichen Stellen zu, und

dein Kopfhaar nimmt dafür an manchen Stellen ab. Es ist seit vielen Jahren schon reduzierter, was dein schön geschnittenes Gesicht unterstreicht. Der Bart wächst wie eh und je, die gesamte Körperbehaarung und die Haarstruktur gleicht einem grauer werdenden Gorilla. Seit du die vierzig überschritten hattest, wurdest du mit jedem Jahr mehr zu einem Kuscheltier. Du bist fit wie ein bequemer werdender Turnschuh und fährst nur noch selten Rad. Lieber lümmelst du an den Wochenenden mit mir genüsslich herum und liest oder zappst dich durch sämtliche TV Kanäle. Uns geht es wahrlich saugut miteinander.

Das findet auch unsere Therapeutin aus der Beratungsstelle. Sie entließ uns mit einem ergreifenden Ritual, das symbolisch einem neuen Eheversprechen gilt. Ich bin jetzt noch, wo ich es hier aufschreibe, tief berührt davon: Du und ich standen uns an diesem Tag in ihrem gelbgetünchten, mit orangenfarbenen Blumen geschmückten Beratungszimmer gegenüber, schauten uns unverwandt in die Augen und wiederholten, was wir uns schon einmal vor dem Traualtar versprochen haben. … Mir liefen abwechselnd Tränen des Glücks und der Trauer über meine Wangen. Und du schlucktest ebenso sichtbar ergriffen. Jetzt wissen wir genau, was es bedeutet, sich in guten wie in schlechten Zeiten zu lieben und vor allem, einander zu achten. Den Respekt vor der anderen Persönlichkeit, den setzen wir nun beide an die erste Stelle.

Unsere Beraterin empfahl mir beim herzlichen Abschied, das Buch der Schweizer Autorin Julia Onken »*Feuerzeichenfrau* – Ein Bericht über die Wechseljahre«, sagte sie augenzwinkernd, »Du wirst dich darin wiederfinden!« und schloss mich und meinen Mann liebevoll in die Arme. Wie gut sie mich kannte. Ich verschlang das Buch in einem Atemzug, konnte einfach nicht mehr aufhören zu lesen. In meiner Erinnerung wurden die Turbulenzen der vergangenen Jahre wach. Es war völlig normal, seelische Wachstumsschmerzen zu haben!

Die sehen bei jeder Frau anders aus, Hanna. Nicht dass du jetzt glaubst, alle müssten das Gleiche durchmachen wie ich. Jede betritt ihre ganz eigene Bühne, jede hat sich von anderen, ganz persönlichen Dingen zu verabschieden. Sei es das unhinterfragte Übernehmen elterlicher Muster. Sei es die Herausforderung durch heranwachsende Kinder, die uns vorleben, was wir oft nicht zu leben wagen. Sei es die kindliche Sehnsucht nach dauerhafter Symbiose mit geliebten Menschen oder nach gesicherten Situationen. Im Laufe des Lebens gibt es viele Umbesetzungen und es werden Plätze getauscht. Manche Menschen, die nicht mehr zu uns passen, lassen wir wie aus einem Lebenszug aussteigen, manche dürfen wieder zusteigen, wenn sie Veränderungen zulassen können. Bei mir spielte sich der Tanz der Hormone überwiegend innerseelisch ab. Ich wechselte verschiedene Sichtweisen, veränderte meinen Blickwinkel, verabschiedete mich von überholten Idealen und reifte daran wie ein roter praller Apfel. Nun bin ich vom Baum der ersten Erkenntnis geplumpst und dir, liebe Hanna, vor die Füße gerollt, damit ich berichten kann, wie es für mich weiter ging.

Frühling 1998

Lieber Gott, denke ich mir nach der Lektüre von »Feuerzeichenfrau«, über diese Angelegenheit müssten eigentlich alle Paare Kenntnis haben, damit sie ihr verändertes Miteinander richtig einzuordnen verstehen und sich nicht krank oder völlig bekloppt vorkommen. Ein weitreichender Entschluss ent-

steigt meinem Hirn: Ich werde mein kleines Lädchen aufgeben und etwas Neues in meinem Leben beginnen. Unbewusst suche ich ja schon längst nach einer neuen beruflichen Herausforderung. Am Ende des Buches finde ich die Anschrift des Schweizer Frauenseminars am Bodensee, dessen Gründerin Julia Onken ist. Soll ich es wagen, meiner Intuition zu folgen? Ich lasse mir also die Broschüre schicken, schreibe zudem an die Autorin einen begeisterten Bericht über meine Erfahrungen in den Wechseljahren. Und erhalte prompte Antwort. Das hätte ich nicht gedacht und bin hoch erfreut darüber. Julia Onken macht mir Mut, offen mit anderen Frauen darüber zu reden und meine besondere »Kraft der Sprache« zu nutzen. Wie meint sie das wohl?

In der Zwischenzeit zieht mein Liebster mit Sack und Pack ganz zu mir. »We are gonna be, forever you and me…«, trällert mir das Radio im Umzugswagen entgegen. Ich bin so glücklich, als wäre es das erste Mal in meinem Leben, dass wir zusammenziehen. Da stört es mich nicht im geringsten, dass ich für seine hundert Bücherkisten überhaupt keinen Platz in meiner Wohnung finde. Wir kriegen das schon hin, denke ich fröhlich. Unser Sohn bekommt im Zuge des Umzugswahns ebenfalls eine eigene Bude, die wir ihm während seiner Ausbildung finanzieren. So ist das. Die Kinder in die Freiheit zu entlassen kostet Geld. Dafür schonen wir unsere Nerven.

Im Sommer fuhren wir dann zusammen in die Schweiz, Hanna! Ich war überglücklich, dass mein Mann Gefallen an meiner Idee fand, mich zur »Seminarleiterin für das Thema ›Wechseljahre‹« ausbilden zu lassen. Ohne ihn hätte ich es natürlich auch getan. Aber so war es entschieden schöner. Eine Ausbildung in klientenzentrierter Gesprächsführung und Kriseninterventionen konnte ich nachweisen. Die erhielt ich schon Jahre zuvor durch meine ehrenamtliche Tätigkeit. Zum Jahresende würde ich mein Geschäft aufgeben. Allein der Entschluss erleichterte mich schon erheblich. Als wäre eine viel zu schwere Bürde von mir gefallen, fiel mir auf einmal vieles leichter. Ich fürchtete mich nun nicht mehr vor dem noch vor mir liegenden Rummel zu Weihnachten, dem aufwändigen Paketepacken und mühseligen Schleppen. Das Ende war jetzt absehbar.

Vorher heiratete unsere Tochter, und wir feierten heimlich unsere eigene Hochzeit mit. Ich genoss die fröhliche Feier mit den jungen Menschen. Wenn mein Mann und ich uns wirklich hätten scheiden lassen, wären wir uns dort, auf dem Fest der Liebe, auf jeden Fall wieder begegnet. Bewegt, weil mein Mann und ich dasselbe dachten, hielten wir uns während des mitternächtlichen Tanzes fest umschlungen, und ließen die alten Erinnerungen vorüberziehen.

Bevor wir dann in die Schweiz fuhren, menstruierte ich, obwohl ich schon seit zwei Jahren in der Menopause war! In meiner Panik las ich sofort in meiner einschlägigen Literatur nach. Kein Grund zur Panik. Unter Stress kann es erneut zu einem Östrogenschub kommen. Aufgestaute Gebärmutterschleimhaut wird dann abgestoßen. Im eigentlichen Sinne ist das gar keine Menstruation. Es sieht nur so aus. Aber ich hatte doch gar keinen Stress! Positiver Stress löste wohl dasselbe bei mir aus.

Alles, was ich während meiner neuen Ausbildung hörte, fühlte sich für mich leicht und verständlich an. Ich hatte den »Tanz der Hormone« in mir ausgiebig kennen gelernt, beherrschte den einen oder anderen Schritt inzwischen ziemlich gut.

Von wegen »Ab zum alten Eisen, Hanna!« Die Hormonumstellung ist uns behilflich dabei, die bis dahin noch unentwickelten Persönlichkeitsanteile zu leben. Ich lernte also, die Zeichen der Wechseljahre zu deuten und sie in einem anderen Licht zu sehen. Nach den Unterrichtseinheiten spürte ich immer deutlicher: Mit Unwissenheit auf diese Umbruchszeit zuzusteuern, erhöht das Risiko zu scheitern. Miteinander alt zu werden scheint übrigens auch kein beliebtes Gesellschaftsspiel zu sein. Viele der Frauen, die mit mir diese Ausbildung absolvierten, berichteten über ihre unglücklichen Beziehungen, die meist in der Mitte des Lebens ganz zerbrachen. Ich hörte viele traurige Geschichten.

Was wechselt also wirklich in den Wechseljahren? Eine Frage, die du mir schon oft gestellt hast, Hanna. Es kann ein Aufbruch zu neuen Ufern sein. Nicht immer müssen alle Zelte und Brücken abgerissen werden. Es ist eher ein Ruf nach innerer Veränderung. Eine ausgediente Lebensphase geht zu Ende. Eine neue bricht für uns an, aber wir kennen noch nicht ihren Weg. Natürlich macht das vielen Frauen Angst. Diese innere Furcht zu bewältigen ist ein beginnendes Zeichen von Wachstum, meine Liebe. Wir haben auch darüber oft geredet. Erwachsenwerden tut weh, und es ist eigentlich kein Wunder, dass manche Erwachsene nach außen reifen, während innen etwas noch Unvollendetes hinterher hinkt. Wechseljahre fordern uns heraus. Verweigere ich mich dem neuen Ruf des Lebens, ereilt er uns später. Irgendwann. Immer dann, wenn wir ihn nicht erwarten.

Klimakterium, der medizinische Begriff für Wechseljahre, kommt vom altgriechischen Wortstamm »Klimakter«, was ursprünglich »Stufe« oder »Leitersprosse« hieß. »Könnte es also bedeuten, von der einen zur nächsten Entwicklungsstufe zu klettern?«, fragtest du mich kürzlich.

Ich bin abgerutscht auf meiner Lebensleiter. So war das

Erklimmen zunächst wieder schwerer. Doch es hat sich gelohnt, wie du weißt. Krisen sind im eigentlichen Sinne Wachstumschancen, heißt es immer wieder in allen schlauen Büchern. Das kapiert man aber selten sofort, und man will es auch gar nicht unbedingt hören, schon gar nicht, wenn man selbst mitten im Schlamassel steckt. Fehler zu machen gilt prinzipiell als Versagen. So habe ich es kennen gelernt! Sich Fehler zu gestatten und sie auch eingestehen zu können sehe ich inzwischen als Stärke. Fehler zu machen, bedeutet Versuch und Irrtum zu wagen. Das kostet Mut! Ich werde in Zukunft das Wort »Fehler« dennoch durch ein anderes ersetzen. Zu einem bestimmten Zeitpunkt im Leben tun wir das uns Mögliche. Jede Generation versucht das wohl. Manchmal gibt es keine andere Wahl, als sich zunächst ganz für sich, und damit gegen jemanden zu entscheiden. Auch ich habe das getan. Und mein Mann. Entscheidend war, dass wir uns verzeihen konnten. Unsere Bereitschaft zu vergeben, hat unsere alte Liebe gestärkt.

In der Schweiz kam ich dem geistigen Gipfel ein klein wenig näher. Zusammen mit meinem Mann erlebte ich dort den schönsten, ergreifendsten und aufrichtigsten Sommer unseres bisherigen Lebens. Die Spätsommerzeit barg ihren ganz eigenen Reiz für uns als Paar. Es brauchte nicht mehr die glühende Hitze, die mich in Flammen versetzte. Wir schufen uns ein behagliches Seelenklima. Es war fast so, als ob der vergangene Winter den heraneilenden Frühling begrüßte.

Wieder zu Hause angekommen, lief ich mir erst einmal die Hacken krumm, um Land und Leute zu begeistern. Der erste Vortrag war dann auch eine echte Herausforderung für mich. All mein »angesammeltes Wissen« und meine »kostbaren Erfahrungen« wollten »nur« zwanzig Frauen hören! Dabei hätte ich hundert Frauen nie und nimmer verkraftet, so aufgeregt war ich damals, Hanna. Es ist schon gut so, wie es gekommen ist! Im Nachhinein weiß ich das sehr zu würdigen. Die hiesige Gleichstellungsbeauftragte finanzierte diesen ersten Vortrag auf dem Land. Nun ja, dachte ich, in der »Provinz« dauert vieles länger. Bis alle auf dem aktuellsten Stand sind, vergehen schon mal ein paar Jahre. Heute sind im Übrigen gerade die Landfrauen meine begeistertsten Zuhörerinnen. Sie reichen mich auf ihren Kreisverbandsitzungen herum wie eine Pralinenschachtel: »Die musst du nehmen, die mundet vorzüglich!«, sagte mal eine von ihnen.

Die ersten Frauen waren aufs Äußerste beeindruckt, und obwohl ich eine große Prise Humor in den Vortrag streute, konnten sie nur selten lächeln. Das Thema war vielen von ihnen gar zu ernst. Als ich aber die Partnerschaftsproblematik ansprach, wurde es sehr lebendig. Eine Erfahrung, die ich im Laufe der kommenden Jahre noch des öfteren machen sollte.

Der Beginn meiner Tätigkeit als Referentin war nicht gerade leicht. So beseelt ich auch von meiner Mission war, es gelang eben nicht auf Anhieb, Frauen in der Mitte des Lebens für das Thema Klimakterium zu begeistern. Zu viele besetzten es mit Alter, Verfall und schwindender Attraktivität. Ein hartes Stück Arbeit stand mir noch bevor, bis meine Tätigkeit von Erfolg gekrönt sein konnte.

Time to say goodbye

Zum Jahresende 1998

Die Pforten meines Geschäfts sind zu. Auch diese Tür schließe ich hinter mir. So wie einst die heißbegehrte Villa war auch mein Geschäft ein sichtbarer Ausdruck innerer Veränderungswünsche. Ich fühle mich aber im neuen Beruf viel freier. Niemandem mehr als mir selbst verpflichtet. Wie gut sich das anfühlt. So manche Freunde wollen mir nicht abnehmen, dass ich wirklich nichts vermisse. Aber es ist so. Diesmal ist es keine Kurzschlussreaktion und kein unüberlegter Schritt gewesen, wie so oft in meinem Leben, sondern eine wohldurchdachte Handlung mit einem wachen Blick für meine weitere Zukunft. Auch mein Liebster ist sehr erleichtert. Erst jetzt erkenne ich das gesamte Ausmaß der früheren Belastung. Der finanzielle Druck, den er stets hautnah miterleben musste, war ihm schon lange viel zu groß.

Ich bereue meine Selbstständigkeit nicht. Im Gegenteil! Heute würde ich es nur anders anfangen. Besonnener und weitsichtiger. Die Arbeit als solche war für mich ein hervorragendes Sprungbrett für meine nächste Bühne. Ich lernte, mich zu behaupten und gesellschaftlich eine gute Figur abzugeben. Meine Kommunikationsfähigkeit verbesserte sich durch den Umgang mit ausgebufften Geschäftsmännern und schwierigen Kunden. Ich hätte bereits früher umsatteln können. Doch damals konnte ich nichts beschleunigen, musste mein eigenes Tempo einhalten und erst eine neue Aufgabe für mich finden, um mich auch mental von meinem damaligen Lebenswerk lösen zu können.

Eigentlich hatte ich geplant, das Geschäft meiner Tochter

übergeben zu können. Auch von dieser Vorstellung musste ich mich verabschieden. Wer die Hände wirklich frei hat, braucht nur wenig Zeit, bis er erneut zugreifen kann.

Wechseljahre sind übrigens überhaupt kein Tabu für dich, mein Schatz. In der Schweiz hocktest du noch im Sommer unter all den Frauen und plaudertest ganz ungeniert über deine männlichen Hitzewallungen, die es doch »eigentlich« nicht gibt. Sie umringten dich freudig fragend und waren fasziniert von deiner Offenheit. Sie fanden dich einfach klasse. Und ich erst! Wir sind einfach glücklich miteinander, und genau dieses Glück zieht magisch an. Immer wieder passiert es uns, dass fremde Menschen uns fragen, ob wir frisch verheiratet seien.

Es war wirklich eine äußerst intensive Zeit für uns, Hanna! Ich musste ihm, dem »Göttergatten«, nichts mehr erklären und brauchte über nichts Überflüssiges mit ihm zu diskutieren. Wir verstanden uns fast wortlos. Wie Frischverliebte lasen wir in den Augen des anderen. Der Unterschied zu früher – als wir noch jung waren – bestand darin, dass wir inzwischen jede Menge über uns wussten und dies uns wertvolle Informationen für ein harmonisches Miteinander vermittelte.

Indessen legte ich weiterhin mit dem mir eigenen Schwung los, um mein Geld mit Vorträgen und Seminaren zu verdienen. Mühsam ernährte sich die Wechseljährige. Das Honorar reichte noch lange nicht zum Leben. Mein Mann machte mir Mut, wenn ich manchmal zu verzweifeln drohte. Er unterstützte mich mental, spielte sogar einige Male den Manager für mich, wenn ich mich überfordert fühlte. Das alles tat er natürlich ehrenamtlich. Diesmal stand hinter einer starken Frau ein starker Mann, der ihr den Rücken frei hielt. Ich war dankbar, ihn an meiner Seite zu wissen.

Nur selten kam es noch zu lautstarken Auseinandersetzungen zwischen uns. Wenn doch, dann kramten wir möglichst schnell das Gelernte aus dem Hinterkopf hervor, und mir schien, es klappte schon ganz gut mit der geschlechtsspezifisch unterschiedlichen Kommunikation. Nur noch selten brauste ich testosterongeladen auf. Und noch seltener schoss er mit seinen männlichen Verweigerungsattacken zurück. Wir waren beileibe nicht perfekt, und an manchen Tagen rappelte es heftig im ehelichen Karton. Wir gingen trotzdem nicht zerstritten zu Bett. Dieser Ort war immer noch viel zu schön für uns, als dass wir uns dort zankten.

Ja, Hanna, das Unglaubliche ist gelungen: Wir hörten einander intensiver und aufmerksamer zu. Denn so, wie wir früher mal gedacht hatten, so dachten wir nun nicht mehr. Und so, wie wir früher mal gefühlt hatten, so fühlten wir nun auch nicht mehr. Das verwaschene Bild aus längst vergangenen Tagen existierte kaum noch. Ich lernte immer wieder neue Seiten an meinem Mann kennen. Er war weicher in seinen Anschauungen geworden. Die eigene Härte, die er sich selbst gegenüber so oft zeigte, wich immer mehr einem Feingefühl für neue Bedürfnisse.

Ihn interessierten inzwischen die zwischenmenschlichen Beziehungen, weil er am eigenen Leib erfahren hatte, dass der Ursprung vieler Krisen in den unerfüllbaren und idealisierten Sehnsüchten liegt. Und was das Beste war: Ich musste ihn nicht mehr löchern und ihm nichts mehr aus der Nase ziehen. Er erzählte mir sogar freiwillig seine Träume. Manchmal durfte ich sie auch deuten. Was für eine wundersame Verwandlung! Wechseljahre waren doch bestimmt auch für ihn wunderbar… dachte ich!

In dieser Zeit sah ich meinen Vater sterben. Mir brach fast das Herz dabei. Sein letztes Weihnachtsfest mit uns war besonders intensiv. Er ist für unsere Kinder ein raubeinig liebevoller Großvater und mir im Alter ein dauerhaft liebender, zugewandter und an allem interessierter Vater geblieben. Auch wenn er vieles nicht mehr aussprechen oder zeigen konnte, so spürte ich seine Liebe im Alter ohne Worte. Er litt selbst am meisten unter seinen frühen Versäumnissen, das wusste ich und habe mich während seiner Krankheit in vielen Gesprächen, die wir darüber führten, mit ihm aussöhnen können. Seine ungelebten Anteile schwächten viel zu früh seine Manneskraft. Ob es ihm geholfen hätte, wenn ich eher über männliche Wechseljahre Bescheid gewusst hätte? Wohl kaum.

Liebe Hanna, unser Umgang mit Leib und Seele war und ist oft rigide und selbstzerstörerisch »Ich muss meinen Körper stählen und ihn herausfordern, er muss sich meinem Willen unterordnen …« beliebte Worte, die auch mein Vater gerne benutzte, um sich und anderen zu beweisen, was er noch alles trinken oder wie lange er noch im Garten arbeiten konnte, als die Jüngeren längst schon schlapp machten. Er maß sich immer an den Jungen. Seine nachlassende Kraft wollte er sich bis zum Schluss kaum eingestehen. Das alles ist Körperqual und beileibe kein wertschätzender Umgang mit sich selbst. Er konnte dabei nur verlieren.

Wie denkst du darüber, Hanna? Wie geht es dir mit deinem Mann? Ihr seid sieben Jahre jünger. Du sagtest vor Wochen, die Lust muss manchmal wieder zurückerobert werden. Vor allem in Zeiten, in denen ihr beide sehr angespannt seid. Das ist natürlich. Du hast glücklicherweise den Vorteil, dass es dir bewusst ist. Mach dir keine übermäßigen Sorgen, Hanna.

Der Wechsel beim Mann ist wie bei Frauen ein innerseelischer Prozess. Wenn ihr im Gespräch bleibt und die Seele des anderen streichelt, dann wächst die Lust von selbst wieder.

Beobachte ich meinen Mann, erkenne ich jetzt vor allem seine seelischen Veränderung. Er ist z.B. gelassener zu unseren erwachsenen Kindern geworden. Vor allem auch unserem Sohn gegenüber. Ein Geschenk für ihn, jetzt, wo er gerne seine Nähe sucht. Er hört zu, ohne ständig zu belehren, was ihm nun wirklich nicht immer leicht fällt. Der Beruf prägt halt. Er nimmt sein Nachlassen der körperlichen Kräfte zur Kenntnis, ohne deshalb gleich mit dem Schicksal zu hadern. Wenn er die Treppe hochkommt, schnauft er zwar wie eine Lokomotive, lässt aber keinen Dampf mehr ab. Er steht auch nicht mehr ständig unter Strom. Es wird ruhiger und damit gemütlicher mit ihm, ohne dass ich mich deshalb mit ihm langweile. Und eigentlich hätte alles so angenehm weiter gehen sollen.

Mir stand nun aber ein weiterer Abschied bevor. Der vielleicht schwerste überhaupt. Wir sollten ihn bald verlieren, meinen Vater. Niemals hätten wir es für möglich gehalten, dass er drei Jahre lang mit seinem Krebs würde leben können. Geschenkte Zeit. Ich nutzte sie mit ihm, so gut es ging, und zog Bilanz. Er lehrte mich streiten. Klartext zu reden. Stellung zu beziehen. Standzuhalten. Und trotzdem immer wieder eine innerlich liebende Haltung zu bewahren. Ich konnte das erst am Ende so deutlich erkennen.

In meiner Arbeit mit Frauen kam mir dann sein Geschenk der direkten Sprache immer mehr zugute. Ich sprach aus, was viele noch nicht mal zu denken wagten. Mein Vater schickte mich als Jugendliche durch seine harte Schule. Auch meine heranwachsenden Brüder und ihre Freunde waren mir

Lehrmeister. Ich kämpfte deshalb schon als junges Mädchen stellvertretend für die Rechte meiner Mutter und damit unbewusst für alle Unterdrückten in der Welt. Ich kenne mich inzwischen gut genug aus in den Gedankengängen und der Seelenwelt der Männer. Ich habe ihnen geduldig zugehört und von ihnen viel für mich selbst lernen können.

Für Ungerechtigkeiten und Unterdrückungsmechanismen bin ich daher höchst sensibel geblieben, Hanna. Ich wittere auf dem Feld der Destruktivität die ersten Anzeichen, während andere Frauen noch friedlich ausharren und in die aufgestellten Fallen laufen. Die Chance, die sich für mich auf dem väterlichen Lernfeld ergab, kann ich dankbar annehmen und nun zielgerichteter einsetzen.

Im Frühjahr 1999

Am Morgen nach der Geburt unserer ersten Enkeltochter stirbt mein Vater. Ganz undramatisch.

Es ist zehn Uhr morgens. Eine Stunde später ist er erlöst. Ich erfahre es auf dem Weg zu unserer Tochter, die ich am Morgen nach der Geburt besuchen will. Mit einer Rose für das Baby in der Hand verlasse ich den Blumenladen, als das Handy klingelt. Meine Mutter flüstert: »Papa ist tot.« Eine knappe Stunde später treffe ich bei ihm ein. Wie abgesprochen kommen meine Brüder kurz danach. Wir Geschwister suchen die letzte körperliche Nähe zum Vater. Meine Mutter gießt derweil nervös ihre Blumen auf der Fensterbank.

Hanna, wenn ich dir das Darauffolgende jetzt so ausführlich beschreibe, dann deshalb, weil sich mit dem Tod meines Vaters etwas Unvollendetes vollenden konnte. Meine sehr anhängliche Tochterliebe zu ihm durfte ich jetzt in Ruhe mit ihm sterben lassen. Ich habe ihn »zu Ende« lieben dürfen, was für mich bedeutete, die kindliche Liebe fand auf dem Sterbebett ihre Erfüllung. Zurück blieb eine reife und erwachsen gewordene Liebe einer erwachsenen Tochter.

Ich horchte bei meinem Vater in den Brustkorb hinein. Totenstille. Ich betastete seine Zehen. Sie waren noch warm. Seine Ohrläppchen wächsern bleich. Ich streichelte zärtlich seine silbernen Locken aus der gelbgrauen Stirn, ertastete dabei seine immer noch fühlbaren Metastasen. Ich legte die entdornte Rose, die ursprünglich für das Baby bestimmt war, in seine gefalteten Hände und dazu das Foto seiner ersten Urenkeltochter. Auch den Brief, den unser Sohn ihm noch schrieb: »Du warst mir Vorbild und Mahnmal zugleich …«

Noch konnte ich es nicht wirklich erfassen: Er würde nie mehr zurückkommen? Ich würde ihn nie mehr wieder sehen, ihn nie mehr berühren können? Nie mehr mit ihm streiten? Nie mehr mit ihm lachen? Nie mehr in sein schönes Gesicht blicken, nie mehr seine kleine Gestalt auf dem Sofa sitzen sehen? Leere überall. Ich fühlte mich vaterseelenallein.

Die nächsten Tage waren wie in Watte gepackt. Noch spürte ich kaum mehr als Erleichterung. Endlich erlöst von der Qual, nicht helfen zu können. Seinen leidenden, gemarterten Körper der ersehnten Ruhe übergeben zu wissen, war für mich zunächst befreiend. Er durfte zu Hause sterben. Und er durfte leise gehen. Der Todeskampf war vorüber.

In der dritten Nacht formulierte ich innerlich den Wunsch, wie ich einmal beerdigt werden möchte. Welcher Baum passt zu mir? Es gab seit neuestem eine andere Form der Beerdigung. Friedwälder statt Friedhöfe. Außerdem wollte ich keine Organe spenden und auch keine fremden erhalten. Es sind Sterbende, denen Organe entnommen werden. Keine

Toten. Nicht auszudenken, wenn mein Vater in seinen letzten Stunden seiner Würde beraubt worden wäre und wir nicht in Ruhe hätten Abschied nehmen dürfen.

Einen sterbenden Menschen bis zum Ende zu begleiten ist ein großes Geschenk. Dieser Abschied vom Leben lehrte mich vieles über das Leben. Ja, Hanna, der Tod hat eine große Aufgabe im Leben. Mir hat er gezeigt, was wichtig und was unwichtig geworden ist. Nie habe ich meinen Mann tiefer geliebt als in diesen schweren Stunden.

Etwas Anderes wurde mir plötzlich klarer: Damals, als ich zum ersten Mal von der tödlichen Krankheit meines Vaters erfuhr, erlitt ich innerlich einen schweren Schock. Später las ich dazu, dass große erschütternde Ereignisse wie Tod, Krankheit, Trennung, Scheidung, Arbeitslosigkeit und lang anhaltende Krisen den Hormonspiegel drastisch absinken lassen und dass dadurch ganz plötzlich die Menopause (und ebenso die Andropause für Männer) einsetzen kann.

Hormone reagieren äußerst empfindlich auf die aktuelle Befindlichkeit im Körper. Der seelische »Krisenrat« kommuniziert mit allen Zellen des Körpers. Es gibt Untersuchungen, in denen man festgestellt hat, dass Frauen später in die Wechseljahre kommen, wenn sie sich ausschließlich in der Mutterrolle aufgehoben und aufgewertet fühlen. Müssen sie diese Aufgabe verlassen, kämpfen sie oft sehr viel mehr mit körperlichen Symptomen. Doch die biologische Mutterschaft neigt sich auf jeden Fall dem Ende zu, ist also nur ein vorübergehendes Amt. »Geistige Mutterschaft« sieht vor, sich sich selbst zu widmen und mental zu nähren, damit so etwas wie »Weisheit« weitergegeben werden kann an die nächste Generation.

Diejenigen, die unter einem enorm belastenden und stressigen Beruf oder anderen erschwerenden Lebensbedingungen leben, kommen manchmal früher in die Wechseljahre. Wer nicht lernt, sich in dieser Zeit körperlich mehr Ruhe zu gönnen, nicht regelmäßig seelische Einkehr hält, der bezahlt später womöglich einen viel zu hohen Preis für diese Ignoranz dem Körper gegenüber.

Auch du, Hanna, stellst an manchen Tagen erschöpft fest, dass du dein gewohntes Haus- und Gartenprogramm nicht mehr so flink bewältigst wie noch im letzten Jahr. Ob das jetzt so rapide weiter bergab geht, hast du mich sorgenvoll gefragt. Es kommt darauf an, wie fürsorglich du in Zukunft mit dir und deinen nachlassenden Körperkräften umgehen wirst. Während die physische Energie ganz allmählich nachlässt, kann der Geist die Kurve aber immer kriegen, meine Liebe. Doch dafür müssen wir etwas tun. Wie das aussehen kann, das erzähle ich dir noch.

»Klimakter« bedeutet Stufenleiter

Frühsommer 1999

Ich mache mir allmählich Sorgen. Mein Liebster ist körperlich auffällig schnell matt und benötigt tagsüber viel Entspannung, die er scheinbar am ehesten vor dem Fernsehgerät findet. Der Zeitstress nimmt für ihn erheblich zu. Das frühe Losfahren zur Arbeit und das spätere Zuhausesein erschöpft ihn sehr. Sport reizt ihn immer weniger. Sein Fahrrad vermisst ihn schon. Wir verstehen uns aber weiterhin blendend. Sind wir zusammen, erholt er sich sichtlich. Unsere Tochter besucht uns in meiner Wohnung so oft es geht mit dem rei-

zenden Enkelkind. Mein Mann ist ein stolzer Großvater und zeigt ihr das auch. Sie ist eine so entzückende, junge und gleichzeitig reife Mutter, mit einer Gelassenheit, über die ich nur staunen kann. Das Tempo des Kindes wird respektiert, Zeitpläne nach ihm ausgerichtet. Gestillt wird dann, wenn Hunger da ist. Gewickelt, wenn die Windel wirklich voll ist. Gebadet nur einmal in der Woche. Das Prachtkind dankt es, indem es rund um die Uhr ausgeglichen und heiter wie ein Sonnenschein wirkt. Wir sind glücklich, dass es ihnen so gut geht, und mein Mann blüht in seiner neuen Rolle sichtlich auf.

Der Sonntag ist inzwischen zum freiwilligen Familientag geworden. Unsere Kinder kommen mit ihrem Liebesanhang zum großen Schlemmen. So war das auch bei uns zu Hause, als mein Vater noch lebte. Wir übernehmen seither diese lieb gewordene Tradition. Er hat uns immer sehr gerne bekocht. Wie schön, mein Liebster, du tust das nun auch!

Ich denke sehr oft an meinen Vater. Seine noch eigenhändig ausgegrabenen Herbstastern hole ich aus dem Elternhaus ab. Sie machen meiner Mutter zu viel Arbeit. Sie dürfen nun bei mir wachsen und gedeihen. Meine Erinnerung an Zuhause ist jetzt da, wo seine Blumen blühen.

Ich arbeitete weiterhin wie besessen an meinen Vorträgen und Seminaren und hatte während der ganzen Zeit ein trauriges Gesicht wegen meines Vaters. Ich war noch sehr ungeübt im Umgang mit der Trauer und sprach auch nicht viel mit meinem Mann darüber. Ich dachte, diese unendliche Traurigkeit in mir würde irgendwann vorüber gehen. Die Arbeit und meine kleine Enkeltochter lenkten mich oft ab.

Es war immer noch sehr mühselig und ziemlich zäh, ein Publikum das Thema »Wechseljahre« zu begeistern. Ein paar

Artikel über mich und meine Arbeit erschienen in der Zeitung. Interesse war da. Allein, es mangelte scheinbar am Mut, sich zu dem Thema öffentlich zu bekennen. Es schien ein Stigma zu sein. Klar, die Wechseljahre wurden ja auch überwiegend wie eine Krankheit behandelt. Und wenn ich den »Fachmännern« zuhörte, dann graute mir.

Du, Hanna, hast es schon längst bemerkt. Je unaufgeklärter die Frau ist, desto leichter ist sie zu verwirren und zu verängstigen. Manche pilgern von einem »Experten« zum anderen, nicken selbst bei der größten Unverschämtheit, die er als Fachmann loslässt, noch weiblich unterwürfig, wenn ER sagt: »Sie wollen doch nicht schon in der Mitte ihres Lebens, ins 30-jährige Siechtum verfallen? Sie wollen doch nicht etwa aussehen wie eine vertrocknete alte Pflaume?« Wenn mir solche Worte zugetragen wurden (einige Frauen führten Protokoll für mich), könnte ich stellvertretend für sie auf die Barrikaden gehen. Neulich sagte so ein Gott in Weiß: »Ich erkenne schon an der tiefer werdenden Stimme (am Telefon), ob eine Frau sich im Klimakterium befindet und ob sie Hormone nimmt ...«

Ich gab natürlich nicht auf, Hanna! Alles braucht eben seine Zeit. Ich bin es immer gewohnt gewesen, beharrlich und unermüdlich am Ball zu bleiben, vor allem, wenn mir etwas wichtig geworden ist. Und dass Wechseljahre sehr wichtige Jahre sind, das wollte ich vielen Frauen – und gerne auch Männern – erzählen dürfen.

Sommer 1999

Wir bemerken eine gewisse Behäbigkeit an uns. Alles geht gemächlicher vor sich. Ein ganz neues Wohlgefühl setzt dadurch ein. Wo ich vorher viel zu oft in Hetze war, steht dem nun eine neue Überlegtheit und innere Ruhe gegenüber, die mich viel zufriedener macht. Es scheint also möglich, in geruhsamer Weise die eigene Zukunft zu planen. Es muss nicht ständig zu Katastrophen kommen.

Mein Liebster sehnt sich nach Urlaub. Er ist körperlich immer noch schneller ausgepowert, als er sich wieder regenerieren kann. Ich bemerke seine innere Unruhe, wenn er früh morgens nicht mehr liegen bleiben kann. Auch nicht an den Sonntagen. Manchmal plagen ihn starke Kopfschmerzen, die er früher nicht kannte. Östrogenschübe kommen über Nacht wie Migräneattacken ins Hirn geschossen. Ich registriere, wie er sich dann hin und her wälzt und schweißnass gebadet neben mir liegt. Feine Schweißperlen rinnen an der Stirn herunter. Am Tage wirkt er ausgeglichen.

Eigentlich hätten mich diese Anzeichen bedenklicher stimmen müssen, Hanna. Doch über körperliche Wechseljahrsymptome beim Mann wusste ich zu dem Zeitpunkt nicht genug Bescheid. Das sollte sich bald ändern.

Wir fuhren mit den Kindern zum Familientreffen. Fünf Generationen gibt es noch aus der Familie meiner Mutter. Diese scheint langlebigere Gene zu besitzen. Ein Grund zu feiern. Weil es so heiß war am letzten Tage, beschloss ich die Heimfahrt mit unserer Tochter, ihrem Mann und dem Enkelkind erst am Nachmittag anzutreten. Mein Mann wollte wegen der Hitze mit unserem Sohn und seiner Freundin früher fahren. Wir verabschiedeten uns fast flüchtig voneinander.

Schließlich würden wir uns in wenigen Stunden wieder sehen. Ich ließ das Handy im Auto, als wir gemütlich durch die Altstadt spazierten. Bevor wir dann die Heimreise antraten, besuchten wir zum Abschied noch meine Lieblingstante. Sie öffnete uns mit einem finsteren Gesichtsausdruck. Mein Mann hatte einen schweren Unfall gehabt. Totalschaden. Ich hörte, dass ihm und den Kindern offensichtlich nichts passiert war, aber ich fühlte etwas anderes: Unser Leben kann von jetzt auf gleich zu Ende sein!

Angekommen?

Spätsommer 1999

Der Unfall hinterlässt Spuren. Mein Mann wird sehr schweigsam, schläft sehr schlecht und nimmt zum ersten Mal verordnete Beruhigungspillen. Ich habe eine saumäßige Angst um ihn und beschwöre ihn fast hysterisch, nie mehr schneller als 100 km/h zu fahren, nie mehr zu überholen und überhaupt am besten gar nicht mehr unterwegs zu sein. Ich drehe innerlich fast durch vor Sorge. Und weil ich diese Angst mit niemandem teilen kann, gönne ich mir eine Beratungsstunde.

Ich fing nämlich an, ihn heftig zu bevormunden, Hanna. Ich konnte es einfach nicht verkraften, dass mein Leben ständig vom Tod begleitet sein sollte. Ich musste also erneut lernen, dem Lebensfluss zu folgen. Weder konnte ich meinen Mann anbinden noch ihn unter die Glasglocke setzen, nur damit ihm nichts passiert. Der goldene Käfig würde ihm die Lebensflügel stutzen, und er würde mich bald hassen, wenn ich ihn mit übertriebener Fürsorge gängeln würde.

Ich begann nach der Ehe-Beratung zu verstehen: Der Tod meines Vaters war noch lange nicht verarbeitet. Ich beschloss, bei nächster Gelegenheit, ein Trauerseminar bei Jorgos Canacakis zu belegen, dem griechischen Trauerexperten, dessen Buch »Ich sehe deine Tränen« mich schon beim Lesen sehr beeindruckte. Ich fühlte plötzlich schmerzhaft, ich habe meinen Vater nicht wirklich zu Ende betrauern können. Ein winziger Mensch lenkte mich davon ab.

Ich hielt tatsächlich das Geschenk eines Kindes in meinen Armen, als er starb. Mein Wunsch hat sich erfüllt. Und wenn es auch nicht mein eigenes Kind ist, so liebe ich das Kind meines Kindes, die Tochter meiner Tochter, auf eine ganz unerklärliche Weise.

Unerledigte Trauer holt uns Menschen an allen Ecken und Enden ein. Ungefragt stellt sie sich bei jedem Verlust sofort an die erste Stelle und will erneut gesehen werden. Abschied und Neubeginn liegen wie Zwillinge in ein und derselben Wiege.

Mein Mann und ich zogen erneut Bilanz: Wo gibt es unnötige Stressfaktoren in unserem Leben? Wo übersehen und überhören wir Wesentliches? Mein Mann blieb innerlich lange schockiert. Mitten in der Nacht standen ihm die Unfallbilder vor Augen: Was hätte alles passieren können! Andere stiegen aus weniger demolierten Autos nie mehr aus. Uns wurde klarer: Das Leben ist ein Geschenk. Wir können nur begrenzt planen.

Mir kam der Gedanke, näher an unsere Kinder zu rücken. Räumlich gesehen. Auch mein Mann war sehr dafür. Unsere Tochter war hoch erfreut und fand ein entsprechendes Objekt. Es passte hervorragend zu uns: Von außen schon etwas mitgenommen. Ein »Baukind« aus den 50er Jahren. Dafür von innen umso heller und strahlender: Holzfußboden. Sonnenseite. Dachterrasse und Balkon. Was wollten wir mehr? Mein Mann konnte sogar zu Fuß zur Arbeit gehen. Nach dem Umzug fühlten wir uns so wohl in unserer neuen Umgebung, dass wir meinten, schon hundert Jahre dort zu wohnen.

Das passiert mir auch mit bestimmten Menschen. Auf sie trifft man meist unverhofft. Mit ihnen spricht man und ist sich plötzlich so vertraut, als kenne man sich eine Ewigkeit. So knüpften sich in mein Freundesnetz weitere Freundinnen hinzu. Und eine davon warst du, Hanna.

Du weißt, wir haben Freunde, die uns schon eine ganze Weile begleiten. Manche verließen wir, weil sie mit wenig Interesse an unserem Lebensfluss teilnahmen, die Beziehung einfach erschöpft war. Andere kamen hinzu, passten sich unserer Bewegung an. Wieder andere ergänzten uns mit ihrer Andersartigkeit, sodass wir neue Denkanstöße und Impulse erhielten. Alles in allem eine gelungene Mischung aus unterschiedlichsten Menschen. Ich habe eine Freundin, die ich seit meiner Kindheit kenne, mit der ich meine frühste Vergangenheit teile. Sie weiß Begebenheiten, die ich längst schon vergessen habe.

In den letzten Jahren habe ich aber auch Schiffbruch erlitten. Es gab Frauen, die wirkten nach außen hin unterkühlt, und innen brodelte ein eifersüchtiges Feuer, sobald ich mich anderen Frauen oder ihnen fremden Themen zuwandte. Es gab Frauen, die mochten mich nur dann besonders gerne, wenn ich mich wie sie in ständigen Nöten befand. Hatte ich mich aus dem Morast herausgearbeitet, reagierten sie, deren Situation sich noch nicht verändert hatte, unerwartet abweisend. Diese Frauen attackierten mich dann, warfen mir vor, überheblich zu sein, seit ich mit Frauen arbeitete. Und es gab Frauen, denen war ich nicht ganz geheuer, weil ich ihnen so artfremd in meinem Selbstwertgefühl war. Sie nannten es Prahlerei, wenn ich einfach nur stolz auf meine hart erarbeitete Lebensbewältigung war. Manche nannten es Hybris oder Hysterie. Wie auch immer. Ich war innerlich eine andere geworden, das stimmt. Ja, ich habe mich wirklich sehr verändert, Hanna! Du lerntest mich als eine gewandelte Frau kennen. Ich habe mich in meinem Selbstbewusstsein nicht länger beirren lassen, tanzte für einige sicher aus der Reihe. Freundschaften verändern sich. Vor allem in den Wechseljahren.

Und nun lasse ich dich los, meine Liebe. Du hast vieles von mir mitbekommen, warst hautnah mit dabei und durftest teilhaben an meinen langjährigen Prozessen. Vielleicht kannst du das eine oder andere für dich und deine Partnerschaft verwerten? Was du nicht brauchen kannst, vergiss einfach. Es ist mir eine Freude gewesen, dich mitzunehmen auf meiner Reise der Entwicklung. Ich umarme dich deshalb ganz herzlich zum Abschied.

Besuchen Sie meine homepage:
www.brigitte-hieronimus.de

Bibliografische Information Der Deutschen Bibliothek
Die Deutsche Bibliothek verzeichnet diese Publikation in der Deutschen Nationalbibliografie; detaillierte bibliografische Daten sind im Internet über http://dnb.ddb.de abrufbar.

1 2 3 4 5 07 06 05 04 03

Ein Unternehmen der Verlagsgruppe Dornier
Postfach 80 06 69, 70506 Stuttgart, Tel: 0711/788030
Sie erreichen uns rund um die Uhr unter www.kreuzverlag.de
Umschlaggestaltung: Eberle und Kaiser Werbeagentur GmbH, Freiburg
Umschlagfoto: © Getty Images/Noah Webb
Satz: de·te·pe, Aalen
Druck und Bindung: Clausen & Bosse, Leck

ISBN 3 7831 2306 2